JN190672

明日の貴方を変える

経営者保険セールスの教科書

改訂新版

必須知識と成果を生む実戦テクニック

FPソリューション代表 CFP®

黒澤雄一

近代セールス社

はじめに
──マーケット・シフトのすすめ──

　数ある書籍の中から本書を手に取られた貴方には、現状のご自身の仕事に対する何らかの「問題意識」がおありなのではないかと思います。例えば次のような問題意識です。

○自分はこのまま永遠に個人のお客様を探し続けることができるだろうか？

○個人のお客様主体で仕事をしていると、毎日がハードスケジュールのため、自分の時間・家族との時間が確保できない。このままでよいのだろうか？

○入社した頃からのお客様は、年齢とともに重要な役職に昇進して部下を持つようになっている。自分はいつまでも一人のセールスパーソンとして働く毎日でよいのだろうか？

○最近の若いお客様とは考え方や価値観に差が生じており、昔と同じスタイルでは、次のステップに進めなくなってきている。どうしたらよいだろうか？

○保険ショップに代表される「お客様が自ら品揃え豊富な店に出向いて生命保険を購入する」という時代の流れの中で、今後も今までどおりの成績をあげ続けることができるだろうか？

　そして、そうした問題意識をもつ誰しもが考えるのが、経営者保険や相続などの、いわゆるアッパーマーケットへの「マーケット・シフト」です。マーケット・シフトとは、貴方が個人マーケットで積み重ねたキャリアから、経営者や富裕層マーケットに軸足を移していくことを指し

ます。貴方の会社の優績者の多くが、このマーケット・シフトを早い段階で実践し、大きな成果をあげているのではないかと思います。

　経営者保険にチャレンジしたい、という方は大勢います。しかし、実際に取り組まれる方はそのごく一部です。貴方がもし、そのチャレンジに躊躇しているとしたら、以下のような「想いと現実のギャップ」を感じているからではないでしょうか？

【貴方の「想い」】
・優績者と言われる人たちは経営者保険に取り組んでいる。
・自分が今のステージをアップさせるには、経営者保険に取り組む必要がある。
・経営者保険は単価が大きく、自分の収入を大きく増やしてくれるかもしれない。

【貴方の「現実」】
・経営者保険といっても何から手を付ければいいのかわからない。
・優績者に教えを乞うても、「お客様の前で恥をかけ」というような精神論ばかり。
・優績者の講演やセミナーを聞いても肝心なところは教えてくれない。
・所属している保険会社には、経営者保険の販売ノウハウを基礎から教えてくれるプログラムやマニュアルがない。
・有料の外部研修はあるが、効果がわからないものに大きな投資はできない。
・マネージャーにも経営者保険の経験がなく、教えてもらえない。

　私がこれまで出会ってきた多くのセールスパーソンも同様でした。「想い」と「現実」にギャップがある状態。生命保険販売の場であれば、このギャップを埋めてくれるのが保険商品が持つ機能、ということになりますが、貴方のギャップは誰がどのように埋めてくれるでしょうか?

　それがわからないままだと、次のような妥協点を見出してしまいます。

【その結果たどり着く妥協点】

・これから新人時代のように恥をかいたりするのは気が重い。

・新しいことにチャレンジせず、現状維持でもいいじゃないか。

・個人のお客様向けの提案ではキャリアがあるし、そこに関しては自分なりに自信もある。収入面だって、現状で生活に困っているわけではないんだし。

・新しいことを勉強するのは億劫だ。

・これから頑張ったって優績者には太刀打ちできない。

　何か新しいことを学ぶには大きなエネルギーが必要です。今の多忙な生活のなか、そのようなエネルギーを捻出することは、貴方にとって大きな負担になることでしょう。

　「想い」と「現実」にギャップがあったとしても、今すぐ何か問題が起こるわけではありません。だから、つい先延ばしにしてしまうのではないでしょうか?

　生命保険販売の場において、貴方はお客様に対して、遺族が必要とする生活資金がいくらか、現在加入している生命保険がいくらかというこ

とを示し、その金額に不足がある状態だった場合には、家族を守るために一刻も早く、必要とする保障を確保することをおすすめしているのではないでしょうか？

　お客様にとって、現在の契約を解約して新契約を締結するには相当なエネルギーが必要です。そのままの状態を放置したとしても、お客様は今日明日亡くなることはないでしょう。だから、今すぐ検討しなくてもいい、と先延ばしするわけです。

　しかし、貴方はそのようなお客様に対して次のようなことをお話ししていると思います。

「そうかもしれませんが、万が一のことがいつあるかは誰にもわかりません」

「生命保険などいつでも加入できる、と思っておられるかもしれませんが、健康診断で何か異常が見つかれば、途端に加入は難しくなります」

　貴方がもし、マーケット・シフトに躊躇しているのだとしたら、それは、家族を守るための保障を確保することを躊躇しているお客様と同じです。

　貴方はこれまで、数々のお客様の決断を促してきたことでしょう。ですが今の貴方は、「他人の決断は促すことができても、自分のこととなると…」となっていませんか？

　ここまで読んで、「やはり自分は現状のままでいい」とお考えの方は、本書を閉じてそっと書棚に戻し、昨日までの貴方に戻って下さい。貴方は昨日までと同じセールスを行えば、誰からも非難されることはありませんし、収入面でも今の貴方の生活を維持することはできるでしょう。

　しかし、貴方が、やはり「想い」と「現実」のギャップを埋めたいと考えるなら、ぜひ、本書を読み進めてみていただきたいと思います。

　本書では、貴方が「想い」と「現実」のギャップを埋めるために必要な様々なことをお伝えしたいと思います。

　休日、自宅のソファで寝転がりながら、興味のあるところからお読みいただけば結構です。目次をみて興味を持ったところからで結構です。

　本書をお読みいただき、もっと深く知りたい、ということがあれば、そこから貴方はその部分について学習を深めていけばよいのです。

　知識というのはインプットしただけでは貴方のものにはなりません。誰かに話すアウトプットができて、初めて貴方のものになります。最初はうまく伝えられなくても、回数をこなしているうちに上達するものです。その点は、貴方がこの業界に入って保険を売り出し始めたころを思い出していただければおわかりになると思います。

　本書では、保険を保険として販売している貴方に、「本質的な」経営者保険販売の手法をお伝えしようと思っています。そして、そうした本質的な手法での保険販売を通じて、貴方が経営者の良き相談相手となることを心から期待しています。

黒澤雄一

2015年12月

改訂新版の発行にあたって

　拙書『経営者保険セールスの教科書』は、2016年2月に初版を発行した後、おかげさまで多くの生命保険セールスの方にご愛読いただき、4刷まで版を重ねることができました。この場をお借りして厚く御礼を申し上げます。

　2019年2月、国税庁が生命保険各社に対し、一部の生命保険の税務を見直す予告を行いました。いわゆる「バレンタインショック」です。これによって、これまで経営者保険マーケットを席巻してきた「全額損金」「高い解約返戻率」の生命保険を活用した決算対策の手法は事実上封じ込められました。

　2019年7月には、予告どおり、法人税基本通達の改正が行われ、それとともに、生命保険協会においては「生命保険商品に関する適正表示ガイドライン」「保険募集人の体制整備に関するガイドライン」の改正が行われ、「実質負担保険料」「実質解約返戻率」等の誤認を与えやすい表記・表現は行わないよう自主規制が行われる運びとなりました。

　本書でも、これら一連の流れを踏まえて改訂新版を出すべく、もう一度すべての項目に目を通し、今日的な観点で見直しを行い、加筆・修正を行いました。

　一方で、経営者への提案という観点では、本書はもともと節税を前面に出しておりませんでしたので、修正箇所は限定的であり、前書をお読みいただいた方々にとっては変わり映えがしない内容になっているかも

しれません。しかし、そのことこそが、普遍的な経営者への提案手法であると感じています。

　今後も引き続き、生命保険を取り扱う多くの皆様に愛される書籍であり続けたいと願っています。

黒澤雄一

2019年8月

＊本書は、2019年8月現在の税制・法律・制度に基づき記載されております。今後、改訂・変更等が行われることがありますので、あらかじめご了承ください。

目 次

第1章　貴方が経営者保険に 取り組むべき7つの理由

第2章　経営者保険はまずここを押さえよう

第3章　経営者保険セールスの切り口

第4章　経営者保険に用いられる生命保険のポイント

第7章　確実に成約につなげるための税理士対策

レベルアップのための補講

貴方が経営者保険に
取り組むべき7つの理由

■これまでの貴方の仕事を振り返ってみよう

　貴方は、縁があって生命保険業界に入り、所定のトレーニングを経て独り立ちし、今では、厳しい自己管理のもと、安定的に生命保険の販売をされていることと思います。この本は、次に挙げるような2通りのセールスパーソンのために書きました。

①保険業界に入って2～3年目で、個人マーケットから法人マーケットにシフトしたいと考えており、経営者保険の基礎を学びたいと考えている方
②保険業界に入ってかなりの年数がたっていて、これまで何度か経営者保険にチャレンジしたが、上手くいかずに諦めてしまった方

　個人のお客様向けがメインだったセールスパーソンが、「経営者保険」を意識するようになるきっかけはいろいろだと思います。ですが、**いずれにせよ生命保険のセールスパーソンは、いずれかの時期に経営者保険に取り組む必要がある**と筆者は考えています。

　それはなぜか。

　以下、貴方が経営者保険に取り組むべき理由を、7つの観点から述べたいと思います。

 # 保険セールスと貴方の年齢

　貴方がこの業界に入ったのは何歳の時ですか？ おそらく、いずれの生命保険会社も、社会人経験・営業経験を持っている人を中途採用することが一般的ですから、30歳前後で今の保険会社に入社されたのでは

ないでしょうか?

　生命保険会社の多くが社会人経験のある30歳前後の人をセールスパーソンとして採用するのには理由があります。

＜生命保険会社が30歳前後の人を積極的に採用する理由＞

①マーケット

　家族・親戚・友人・知人などの「ベースマーケット（イニシャルマーケット）」に加えて、前職の上司・同僚や取引先のマーケットを保有していること。生命保険販売の仕事を続けられなくなる理由で最も大きいのは、「行き先がなくなること」です。少なくとも数年、社会人経験をしていれば、ベースマーケットプラスアルファのマーケットを保有しているわけですから、それだけ行き先があるということになります。

②収入へのモチベーション

　30歳前後であれば、自身も配偶者や子供を持ち、家族の生活を向上させるために収入を上げたいというモチベーションが高いと考えられます。日々の生活、マイホーム、レジャー、教育費等々、毎月それなりの収入がなければ家族を養っていけません。そういったモチベーションを持った人を保険会社は求めているのです。

　さらに言えば、従来の生活よりもハイレベルな生活を目指してこの世界に飛び込んだ方ならば、より一層の高いモチベーションを持っていることでしょう。

③気力・体力

　30歳代はまだまだ働き盛り。土日や夜間も厭わず頑張れる気力と体力を持ち合わせています。自分のやりたいこと（趣味や家族と

過ごす時間など）もたくさんあり、上昇志向が強い世代です。優績者の表彰を海外で行うにあたり、家族の同伴を認めている保険会社もありますので、表彰を受けている自分を家族に見せて、「承認欲求」を満たしてくれることも、仕事を続ける意欲につながっていることでしょう。

④お客様対応

　一般に、セールスパーソンのマーケットの中心的な年齢帯は、セールスパーソンの年齢のプラスマイナス5歳と言われています。仮に、セールスパーソンの年齢を30歳とすると、顧客の年齢層的には25歳から35歳が中心ということになります。

　この年代は、結婚し、子供をもうけていて、生命保険の必要保障額が最も大きくなり、高いS（保険金額）の保険の販売につなげやすいと考えられています。その分、30歳前後のセールスパーソンは有望とみられているのです。

　このような期待をされて保険会社に採用された貴方ですが、入社されてから何年たちましたか？　おそらく、入社されてからは個人向けの保険販売に一生懸命取り組み、あっという間に今の年齢になったのではないでしょうか？

　例えば、貴方が30歳で保険会社に入社して、現在40歳だとします。そうすると、入社当時ご契約をいただいたお客様も同様に年齢を重ねています。お付き合いを始めたころは30歳で結婚したばかり、小さなお子さんを抱えたご家族も、貴方と同様にそれぞれ10歳年をとっています。当時は頼りなさそうに見えたご主人は、今では会社の管理職になっ

ています。赤ちゃんだったお子さんは、もう来年には中学生です。専業主婦だった奥様は、今では家計を支えるためにパートに出ているかもしれません。

契約当時は、「子供が望むならどんな進路でもかなえてあげたい」と言っていたお客様も、そろそろ現実が見えてきます。
「やはり、高校までは頑張って公立に行ってもらいたい…」「うちの家計ではとても海外留学など無理だな…」「小さいころはＪリーガーになりたいと言っていたけれど、最近サッカーやめてしまったし…」等々。お子さんが小さいころの「過大な夢と期待」を修正する必要に迫られています。

ご主人も考え方が変わってきます。以前は「会社に雇われる側」だったのが、管理職ともなれば「人を雇う側」です。つまり、「給料をもらって仕事をしている」立場から、「給料を払って部下に仕事をさせる」立場に変わっています。物事の考え方は次第に経営者に近づいていきます。

貴方のお客様は、年齢相応に考え方や環境が変化しています。しかし、個人のお客様に対して生命保険を販売し続けている貴方は、30歳で転職して身につけてきたことを、10年前も今日も、基本に忠実にずっと繰り返しているのです。
もちろん、一つの仕事をやり続けることはとても価値のあることです。ただ、それは、貴方の話が通じるであろう30歳前後のお客様を永遠に発見できれば、という前提があってのことです。

理由2 保険セールスと貴方の時間

　貴方は入社以来、どのような時間の使い方をしてきましたか？

　おそらく、入社した当時は寝食も忘れ、土日もなく、お客様の対応に明け暮れていたのではないでしょうか？　逆説的ですが、そうでなければこの厳しい生命保険業界で生き残っていくことは難しかったでしょう。

　一定の報酬を得られるようになった後も大変です。生活レベルが上がった家族の生活を継続するために、貴方は報酬を維持できるだけの仕事量をこなしていかなければならないからです。

　優績者と言われる方は、「この人はいつ寝ているんだろう？」というくらいハードワーカーです。

　個人のお客様へのセールスは、大まかに言えば、「アプローチ」「実情調査（ヒアリング）」「プレゼンテーション・クロージング」「事務手続き・診査」といったステップが基本です。最低でも２回、お客様とのやりとり次第では４回・５回と面談することになります。さらに、最近は共働き世帯が多いため、商談は平日の夜か土日となるケースも多いのではないでしょうか？

　次ページの図は、１日を午前・午後・夜間の３つに分けた１週間の労働時間のイメージです。

　個人のお客様は、前述のように平日の夜間か土日の対応が多くなってしまいます。しかし、経営者保険は、相手が経営者で、会社に在社している時間帯に訪問しますので、平日の日中が多くなります。

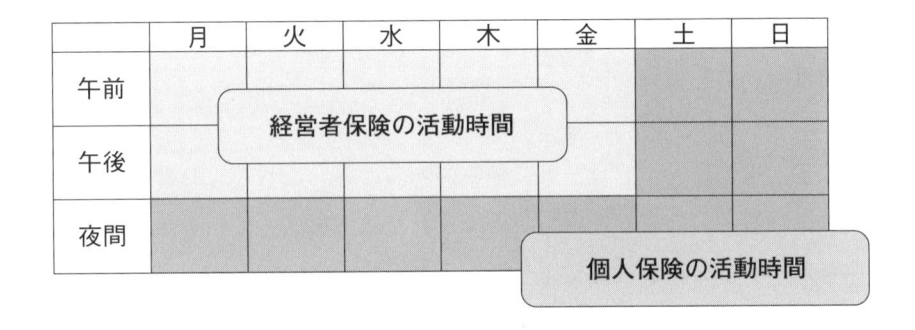

	月	火	水	木	金	土	日
午前							
午後							
夜間							

経営者保険の活動時間

個人保険の活動時間

　セールスパーソンも生身の人間です。貴方にも家庭があることと思います。それなのに、**お客様対応に明け暮れた挙句、夜や土日に家族と過ごす時間さえ確保できない、ということになっていませんか？**

　収入は増加しても、貴方の家庭では「貴方がいない状態が当たり前」になってしまい、「家族への想いを生命保険に託す」仕事をしているにも関わらず、貴方自身が家族を大切にできない状態に、矛盾や憤りを感じることもあるのではないですか？

　残念ながら、**個人のお客様のみを対象としている限り、この循環から抜け出すことは難しいでしょう。**共働き家庭は増えることはあっても、昨今の経済情勢ではなかなか減らないでしょう。相も変わらず貴方には夜間や土日の商談が入り続けることになります。

　冷静に考えてみてください。人は仕事だけして生きていけるわけではありません。

　貴方は、貴方を理解して支えてくれている家族があるからこそ、頑張れるのではないですか？　家族への想いを形にするための、価値ある仕事をしている貴方自身が、家族と過ごす時間を犠牲にして今の仕事を成

り立たせているとしたら、それは貴方自身が解決しなければならない問題ではないでしょうか？

　まず、貴方自身が心身ともに健康であること。これが、お客様を守るための絶対条件です。貴方自身が充実した生活を送っているからこそ、お客様の小さなことにまで気を回すことができるのです。そして、そのような貴方は、お客様から全幅の信頼を得ることができるでしょう。

　このように考えると、個人のお客様で一定程度の収入の基盤が構築できたのであれば、次は貴方自身が充実した人生を送るために、何かを変えていかなければいけない、と思いませんか？

　経営者保険の相手は「経営者」です。中小企業の経営者は、基本的に平日の日中は会社にいます。貴方の商談は夜・土日から「平日の日中」に大きくシフトします。

「時間」は唯一、全ての人に与えられた平等で貴重な財産です。新人であっても優績者であっても等しく1日は24時間です。その貴重な「時間」を上手に使うことこそが、個人向け販売でキャリアを実現できた貴方が次に取り組むべき課題なのです。

 保険セールスと貴方の成長

　経営者保険は、経営者と会わなければ話は進みません。つまり、貴方は、経営者保険に取り組むことによって、必然的に経営者と商談をしなければならなくなります。貴方はこれまで、経営者と話をしたことはあ

りますか？　経営者がどのようなことに関心を持っているか、おわかりでしょうか？

　貴方がこれまで接してきた個人のお客様を思い出してみましょう。貴方は、お客様が何を心配に思い、何に関心があるかを、これまでのキャリアで得てきた知見をもとに想像することができるでしょう。そして、心配事や関心事に対する適切な解決手段を提案することができるでしょう。家族に今までどおりの生活を確保するために必要な資金の計算方法、病気で入院した際にはいくらかかるのか、子供の教育資金は……。

　この技術は、一朝一夕に身につけることはできません。貴方がこれまで自分で学び、研修で学び、同僚や上司から学び、お客様との数知れぬやり取りの中から学んだ知見は、膨大な量のセオリーとなって貴方を形成していることでしょう。

　そう考えると、これから経営者保険に取り組もうと考えている貴方の中には、経営者保険のセオリーは存在していないか、存在していても断片的な情報のレベルであり、まだ、貴方の中で有機的につながっていないかもしれません。

　貴方が個人保険について有していたセオリーと同等のセオリーを、経営者保険について持つには、本書のような書籍を読んだり、その他様々な学習の機会をとらえて経営者の心配事や関心事を理解し、その課題を解決するための知見を身につけていく必要があります。そこで要する時間や学習量は、貴方が個人保険に費やした時間や学習量よりも多くなるかもしれません。

　経営者保険に取り組めなくなる方の多くは、ここで挫折します。経営

者保険の全体像が少し見えてくると、そこで身につけなければいけない様々なノウハウの「タイトル」だけ見て諦めてしまうのです。

商談に失敗したからやめた、というよりは、取り組もうとして取り組む前に投げ出してしまった、というほうが近いでしょう。受験生が、今後1年間に学習しなければいけない問題集を机の上に積まれた段階で、受験そのものをあきらめてしまうように。

幸いなことに、経営者保険は受験と違って、全てを身につけてから本番に臨む、という必要はありません。自分が話したい、あるいは経営者から聞いてみたいテーマを手始めに学習し、そのうえで経営者に会って話をしてみればよいのです。

そのテーマについて、うまく経営者の関心を引き出すことはできないかもしれません。その場合は、「また、ご興味をお持ちいただけそうなテーマがありましたら、お話しさせていただいてもいいですか？」といって再訪できるようにしておけばよいのです。

このようにして一つずつ、経営者との会話の切り口を増やしていくことで、自然と会話の流れに合わせていろいろな切り口を使って話ができるようになってきます。これは、貴方が個人のお客様とのやり取りで身につけてきたセオリーと同じではないでしょうか？

経営者保険の取り組みを通じて、貴方は個人マーケットに加え、法人マーケットにおいてもそのセオリーを身につけることができます。 人間は、新しいものを吸収しよう、向上しようという思いがある限り、何歳になっても成長し続けることができるのです。

成長が止まるときとは、「新しいものへのチャレンジをやめた時」なのです。

収入と地位の向上のために

　貴方の所属する会社では、大口の経営者保険が成約になったという情報・ニュースが社内に流れることはありませんか？ 経営者保険は、年払保険料が数百万円、数千万円になることも珍しくありませんので、得られるコミッションもそれにつれて大きくなっていきます。

　そんな優績者に憧れを抱いていた貴方も、経営者保険に取り組みさえすれば、その立場に立つことができます。多くの同僚から羨望の眼差しで見られ、誰もが貴方の成功事例をマネしたがるようになるのです。

　個人のお客様は、平均して月に2万円前後の保険料ですから、コミッションは多くても1件あたり年間10万円前後というところでしょうか？

　もちろん、生命保険事業は、このようなお客様を多数獲得することによって成り立つもの。どこの保険会社であっても、そのような個人のお客様がいてこそ事業が成り立っています。

　キャリアをある程度積んでこられた貴方は、この点においては所属する保険会社に十分貢献してきたのではないでしょうか。**そろそろ、貴方自身の夢や目標に向かって歩みだしてもよいのではないでしょうか？**

　貴方は自分の「時給」を計算したことはありますか？ 生命保険のセールスパーソンは「時給」で雇われているわけではありませんが、月間の報酬を働いた時間で割れば簡単に時給が計算できます。

　例えば、月に50万円の報酬で、1日8時間、20日働いていたとする

と、時給は3,125円ということになります。この金額は、一般的な仕事に比べてまずまずかもしれません。しかし、世の中には時給5,000円、1万円、さらにはもっと稼いでいる人がいるのは、貴方の会社の優績者を見てご理解されていることでしょう。

例えば、先の例に加えて経営者保険の契約で年間保険料100万円、コミッションで30万円が貴方の給料に上乗せされたら、貴方の時給は5,000円になります。**貴方の１時間の生産性が飛躍的に向上することになるのです。**

セールスの世界は、貴方が稼ぐ報酬がそのまま貴方の評価と言えます。稼ぐ人は、優績者としての褒章の数々と、会社から与えられる数々の便宜を享受することができます。しかし、稼げない人は低成績者のレッテルを張られ、会社にいることさえ居たたまれなくなってしまうものです。

ですから、**この仕事に足を踏み入れた以上、貴方が心身ともに健康で仕事を続けていくためには、「稼げるセールスパーソン」であり続けることが必要なのです。**

何を持って稼げると評価するか。その尺度は様々です。365日休まずに睡眠時間を削って個人保険を中心に3,000万円の報酬を得るという稼ぎ方もありますし、平日の昼間しか営業せずに、経営者保険を中心に3,000万円の報酬を得るという稼ぎ方もあります。

この点については、貴方の価値観次第です。どちらも間違っていません。貴方はどう考えますか？

理由5 マーケット拡大のために

　貴方は、どのようにご自身のマーケットを拡大していますか？　紹介、セミナー、飛び込み、DM等々…。日々ご苦労されていることと思います。

　生命保険の仕事で最も難しいのは、「新たな見込み客を作ること」。これは、古今東西、全てのセールスパーソンの共通の課題です。ここを乗り越えられる人だけが、この世界で仕事を続けていくことができるのです。

　個人販売では、被保険者で300名程度のお客様ができると、新規よりも保全のウエイトが高まってきます。住所変更・口座変更のほか、「子供が生まれた」「保障を追加したい」「個人年金保険を検討したい」などの新たなニーズが生じて来て、保険見直し・追加契約のチャンスが増えてくるからです。

　一方、**経営者保険では、経営者の生命保険を契約したのち、同様に他の役員や従業員の保険を追加できたり、また、取引先を紹介してもらえるなど、個人に比較して大きなマーケットの開拓の余地が存在します。**

　最初の取引は小さい契約だったとしても、その後のお付き合いを深めていくなかで、経営者にその他の保障ニーズが出てくることもあります。

　また、一度契約した生命保険も、経営環境の変化によって（個人保険よりも）短い期間で見直しを行うことが少なくありません。私たちにと

っては、その都度、大きなビジネスチャンスとなるわけです。

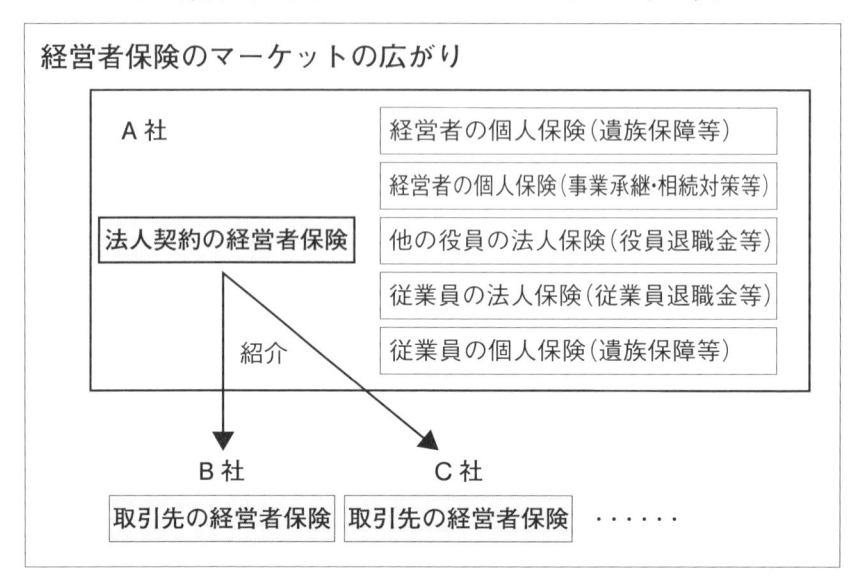

理由6 新たな顧客サービス

　経営者保険を扱うと、経営者のお客様が増えていきます。このこと
で、**貴方は新たな顧客サービスを展開することができるようになりま
す。**

　例えば、ある製品を製造している会社の経営者と知り合いになり、販
売先を探しているとします。そこに、そのような製品を求めている別の
会社があったら、貴方がその会社の経営者と知り合いになることで両者
をつなげることができます。これをビジネスマッチングといいます。
　中小企業の弱点は「営業」です。大企業のように全国に網の目のよう
に張り巡らせた営業組織を持っていません。また、多額の広告宣伝費を

掛けることも困難です。良い製品ができても販路がなければ売上に貢献しません。

　そんなとき、優秀なセールスパーソンである貴方が、代わりにその会社のセールス活動に一役買ってみるのはどうでしょう。

　もちろん、それを副業にする、ということを申し上げているのではありません。売りたい会社と買いたい会社の橋渡しをすることで、両社に喜んでいただく、ということです。

　このようなビジネスマッチングは「売り買い」だけではありません。例えば、現在の物流を担当している企業に不満を持っている経営者に、別の物流会社を紹介する。事業売却を考えている経営者に、M&Aで事業拡大を考えている経営者を紹介する。新規事業を検討している経営者にフランチャイズ展開で成功している経営者を紹介する。等々。

**　経営者の人脈が増えれば、それだけ貴方のマーケットの中でのビジネスマッチングがやりやすくなり、お客様から感謝されることが増えるのです。**

 ## プロとしての新たな境地へ

　経営者保険に取り組むと、日常的にお付き合いする人々が大きく変わります。経営者はもちろん、弁護士・税理士・社労士といった士業の方々。医師・歯科医師等のドクターマーケットの方々。代々の土地持ちの富裕層の方々。

　経営者にゴルフに誘われたら、このような方々と一緒に回ることにな

るが少なくありません。ゴルフは4人一組でプレーしますので、貴方と経営者以外の2人は貴方にとって初対面の人です。半日以上、一緒に遊んで食事をするわけですから相当に仲良くなれます。

　普通、サラリーマンがゴルフに行くときは、会社の同僚と行きます。しかし、経営者は会社の部下と行くよりも、取引先の経営者仲間、主治医、自分の会社に出資してくれている富裕層の方々などとゴルフに行くことが多いようです。

　それは、たとえゴルフといえどもただの趣味としてではなく、会社の営業に何かプラスになるようにしたい、という表れなのでしょう。

　昔からよく「お金持ちの友達は皆お金持ち」と言われます。人間は、生活レベルが同等程度の人と過ごしているときが一番安心できるということなのでしょう。「経営者の友達は皆経営者」もまた真実です。こうして貴方は、**経営者と親しくなることによって、さらにほかの経営者や、生活レベルの高いお客様の人脈を構築していくことができるようになる**のです。

　貴方自身の周囲にも変化が生じます。貴方を経営者保険の師と仰ぐ後輩、経営者保険の勉強会で出会った他社の優績者、経営者保険のセミナー講師をしている税理士等々。

　私の経験ですが、**「あの人は経営者保険に詳しい」という噂が立つと、どこからともなく、情報や人脈が集中してきます。**

　後輩からは「……という案件があるのですが、どのように考えればよいでしょうか？」という相談が集まってきます。**貴方自身が経験する以上の数の案件に触れられるようになります。**

　触れる案件の数が増えれば、それだけ様々なことを経験できます。このような時には、貴方に経験したことがなくても、「後学」のために貴

方自身が骨を折って調べてみることをおすすめします。そのことで貴方はまた一つ、経営者保険の引き出しを増やすことができるのです。

　貴方が経営者保険に取り組む先には、個人保険主体の頃とは違った人脈の広がり、会社の同僚との付き合いが待っています。それは貴方に人間的な成長をもたらすことになり、**貴方にはプロフェッショナルとしての新たな境地が開かれることでしょう。**

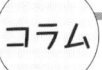

失敗した商談から
得られること

　入社した直後は、10人にお会いして3人からしかご契約をいただけなかった人でも、徐々に失敗する商談が減り、10人にお会いして7人からご契約がいただけるようになります。

　ここまでくると、自分の実力のような気がして努力を怠り始める人が出てきます。

　私は個人的に、成功した商談よりも、失敗した商談の方が得るべきことが多いように感じます。成功した商談というのは、自分の進め方と、それ以外のラッキーな要素（タイミングなど）がうまい具合に絡み合った結果であることが多いですが、失敗した商談を振り返ると、失敗すべくして失敗しているな、と感じられるからです。

「ここでこういう切り出しをしたときに相手の表情が変わったな」
「この質問をぶつけた時に言葉を濁されたな」
「この話をしてから時計を見て時間を気にするようになったな」
——など、失敗した商談の細部に至るまで思い出し、「なぜか」「どうすればよかったのか」ということを考え、次の商談に生かすように心がけることが大切だと思います。

　おそらく、失敗した商談には、何か原因があるはずです。その原因を考え、対処することを繰り返していくことが貴方自身の成長につながるでしょう。

成功＝実力と過信してしまうと、人間、それ以上の成長は望めなくなります。成功は常に自分の実力と、それ以外のラッキーに恵まれた結果だと謙虚に受け止めることが大切です。

　江戸時代の大名で、自らも剣術の達人だった松浦静山の記した剣術書「剣談」には、次のような言葉があります。

「勝ちに不思議の勝ちあり、負けに不思議の負けなし」

第2章

経営者保険は
まずここを押さえよう

1 個人保険との比較から 経営者保険を理解する

①経営者保険とは？

「経営者保険とは？」と質問すると、多くの方はおそらく「法人契約の生命保険」と答えるのではないでしょうか。

それでは50点です。「経営者保険とは、経営者のための生命保険をいう」。そう答えてはじめて100点となります。なぜなら、**「経営者の生命保険」には、法人契約の生命保険と、経営者が個人契約で加入する生命保険の双方が含まれている**からです。

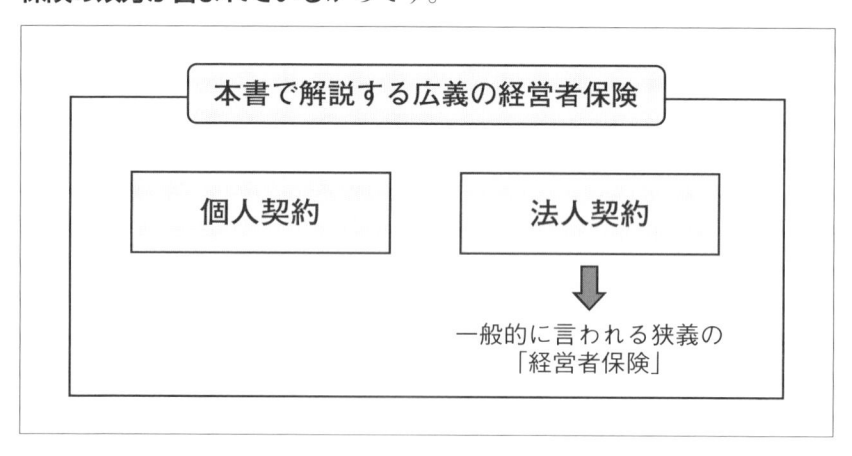

経営者のニーズによっては、法人契約にしたほうがメリットがあるものもあれば、個人契約のほうがメリットがあるものもあります。

法人契約であれば、生命保険に加入することによって、税制に従って損金算入することができるため、法人税を圧縮することができます。一

方、個人契約の生命保険がなければ、経営者の相続対策の資金が準備できなくなる可能性があります。

　経営者は、日中は会社の社長席に座って会社の代表者として振る舞っていますが、夜、家に帰れば、配偶者や子供がいる普通の人間です。**法人契約では日中の経営者しか守ることはできません**。それ以外の場面でも経営者を守っていくためには、法人契約だけにとらわれず、個人契約も視野に入れた広角的な経営者保険販売が望まれます。

②個人保険と経営者保険の共通点

　経営者保険というと、これまでのキャリアとまったく異なる知識・スキルを習得しなければならない、と考える人が少なくありません。しかし、そのようなことはありません。

　生命保険は、お客様が抱える課題・問題・将来への夢や希望を叶えるための金融商品ですから、その点をしっかりとヒアリングできていれば、**個人も法人も保険販売のプロセス自体は変わりません。**

　生命保険は「守りたいこと」「守らなければならないこと」がある人が加入する商品です。それは、家族がある人であれば、「家族の生活」となりますし、家族がいない人ならば「自分の老後生活」「医療の備え」などとなるでしょう。

　私たちの業界では、これを顧客の「ニーズ（ニード）」といいます。保険商品の持つ機能が、そのニーズを満たせるよう、保険設計を行うことになりますが、経営者保険に関しても全く同じことが言えます。

　では、経営者の「守りたいこと」「守らなければならないこと」とはなんでしょう。それは、会社の存続であり、取引先であり、従業員の雇

用であり…。

　例えば、会社を存続させると一言で言っても、「赤字が出るときに補てんできるような資金を準備したい」「経営者に万が一のことがあった場合でも会社の債務を返済できるようにしておきたい」「資金調達の心配なく事業資金を確保したい」など、そのための具体的ニーズは様々です。

　経営者にはいろいろなタイプの人がいますので、何が正解、ということはありませんし、一度や二度会ったくらいのセールスパーソンに簡単に悩みを教えてくれることは少ないでしょう。それでも、経営者と人間関係を構築し、経営者の考えていることを傾聴し、課題を共有化していくことが経営者保険のセールスでは必要になります。このプロセスは、個人販売では「実情調査（ファクトファインディング）」と言っているものです。

　個人販売と法人販売では、プロセス自体に違いはありません。ただ、貴方は、**会社経営に関する独特の用語や考え方を身につければよいのです**。

2 個人保険も経営者保険も「活用する機能」は共通

　生命保険の個人販売である程度のキャリアをお持ちの貴方であれば、生命保険に他の金融商品と比較して優れた機能があることは十分にご理解されていることでしょう。

　以下、それらの機能を、経営者保険で活用する際のポイントに置き換えて解説していきます。そうすることで、**経営者保険で活用される機能も、個人保険で活用される「生命保険の基本機能」と同じ**であることをご理解いただけると思います。

　（前述のとおり、経営者保険とは本来、法人契約と個人契約の両方を含むものです。ただし、以下本章では、経営者保険以外の一般の個人保険と対比する目的で、主に法人保険の意味で「経営者保険」という言葉を用いたいと思います）

①資産形成機能

　生命保険のもっとも重要な機能は「資産形成機能」です。通常の金融商品は「手元にある財産」を殖やしたり、処分するための商品ですが、生命保険はわずかな保険料を支払うことで「手元にない財産」を形成することができます。その意味では、**生命保険とは「現金を作る契約」**だということができるのです。

　この生命保険の「資産形成機能」は、個人保険でも当然活用されるものですが、経営者保険でも同様に用いられます。以下、経営者保険のケースで生命保険の「資産形成機能」を説明しましょう。

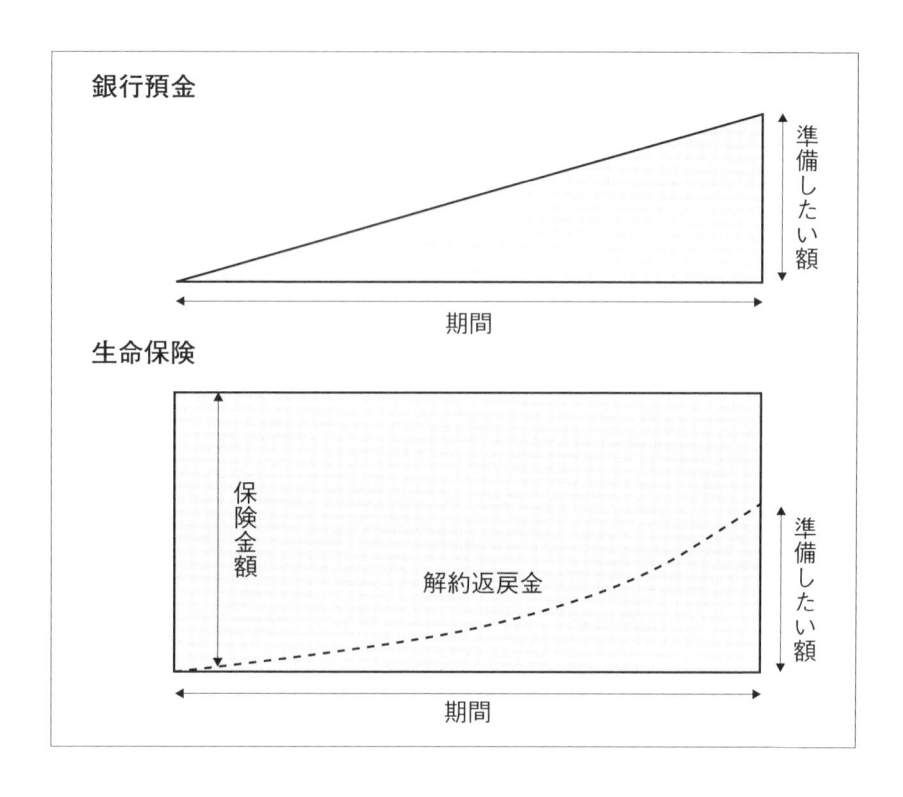

　例えば、10年後の退職金を積み立てたいと考える経営者がいるとします。銀行預金で一定額ずつ積み立てる方法もありますし、生命保険の解約返戻金を活用する方法もあります。10年後まで、何事もなく積み立てが完了できたとすれば、銀行預金も生命保険も当初の計画どおり積み立てられていることになりますので、その点では効果は同じです。

　しかし、5年目に経営者に万が一のことが発生し、当初、生存退職金として受け取るつもりだったのが、死亡退職金として受け取ることになった場合はどうでしょうか？

　銀行預金であれば、5年しか積み立てられていませんので、当初考えていた10年分の積み立ての約半分しか受け取れないということになります。しかし、生命保険は、解約返戻金よりも死亡保障の方が大きい

ので、保険種類の選択次第では当初予定していた金額よりも大きな死亡保険金を受け取ることができるようになります。

つまり、**計画どおりの時期まで積み立てができた時も、それがかなわなかったときも、生命保険ならば確実に資金を準備することができるの**です。

経営者保険でもこのように、個人保険と同じく生命保険の「資産形成機能」が活用されます。

②宛名機能

生命保険は、契約者・被保険者・保険金受取人の3つの当事者を決めて契約しますが、通常の死亡保障の保険では、契約者（保険料負担者）と保険金受取人は異なります。誰かに渡すために、生前にお金に「宛名」を付けておくことができるのです。

このことは私たちにとっては当たり前すぎることで、普段、意識することはほとんどないかもしれません。しかし、他の金融商品には、遺言信託等を除いて、このような機能を持つものはありません。しかも、**保険金受取人が受け取った保険金は、「みなし相続財産」として扱われます。**

相続財産には「民法上の相続財産」と「税法上の相続財産」の二つがあることはご存知でしょうか？「民法上の相続財産」とは、被相続人が所有していた財産のことで、土地・建物・預貯金などを指します。これらの財産は、法定相続割合や遺留分を計算する際の基礎となる財産になります。

一方の「税法上の相続財産」とは、被相続人が所有していた財産ではないけれど、被相続人が死亡したことで実現した財産を指します。生命

保険金や会社から受け取る死亡退職金が該当します。

「税法上の相続財産」とは、「本来は相続財産ではないけれども相続税は支払ってください」という財産のことなのです。

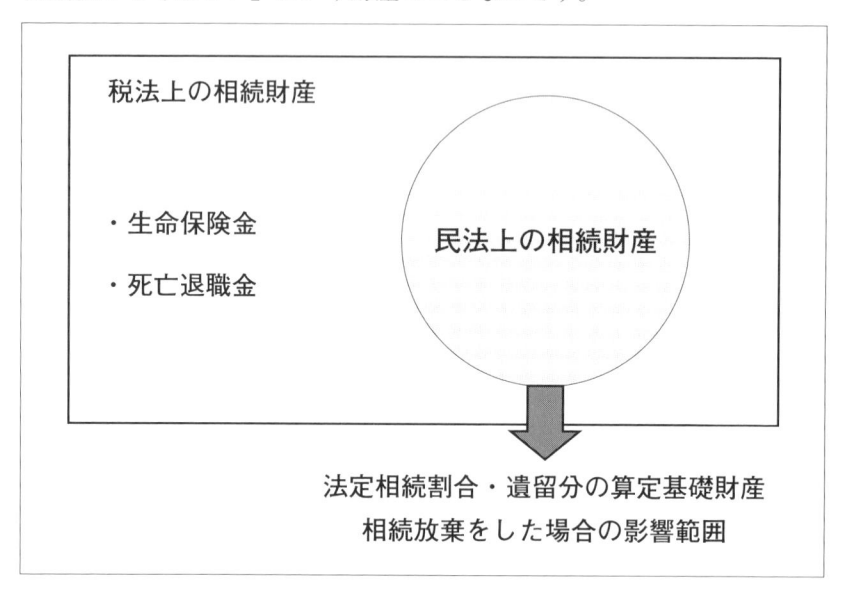

例えば、プラスの財産よりもマイナスの財産（借金）が多い人が亡くなった場合、民法では、遺族が「相続放棄」という選択肢をとることが認められています。相続放棄を選択すると、プラスの財産もマイナスの財産もすべて継承しない、ということになります。

この相続放棄の影響を受けるのは、「民法上の相続財産」です。生命保険金のような「税法上の相続財産（みなし相続財産）」は影響を受けることはありません。

つまり、生命保険金には、**相続放棄の影響を受けずに確実にお金を受け取らせることができるという強力な「宛名機能」がある**のです（ただし、受け取った生命保険金が相続税の基礎控除額を超えれば、その部分については相続税の支払いが伴います）。

こうした生命保険の「宛名機能」は、経営者保険では次のように活用されます。

例えば、会社の借金に対して連帯保証人となっている経営者がいたとします。経営者が亡くなり、会社は大きな負債を抱えて倒産しました。この場合、連帯保証人の立場は相続されますので、配偶者や子が会社の負債を返していかなくてはならなくなります。この場合、相続人には、すべての財産を相続しないという相続放棄の手段が残されています。

この場合であっても、**個人契約している生命保険の保険金は相続放棄と無関係に100％相続人に受け取らせることができます。**受け取った保険金から債務を弁済する必要もありません。相続放棄をしたことで、相続財産にかかわる責任は解消したからです。

③即時現金払機能

生命保険は、被保険者が死亡した場合、保険金受取人の請求に基づいて保険金が支払われます。支払先は保険金受取人の口座です。保険金支払いに調査が入らない限り、どこの保険会社でも、請求があれば1週間以内に保険金を支払うでしょう。

このことも、私たちにとっては当たり前のことですが、このような機能を持つ金融商品は他にありません。

例えば、預金の場合、どんなに残高があったとしても、預金者が死亡すれば、勝手に引き出せないように金融機関は口座を凍結してしまいます。2016年12月19日最高裁判決により、預貯金債権は遺産分割の対象財産に含まれることとなり、共同相続人の一人が単独で払戻しを受けることはできないものとされました。その結果、葬儀費用支払いのために被相続人の一人が払戻しを受けることができなくなったため、2019年

7月施行の改正民法で、預貯金債権の一定割合については、家庭裁判所の判断を経ずに一定額まで引き出せるようになりました。

しかし、その場合も、引き出せるのは1つの金融機関につき150万円が上限となり、預金をすべて引き出すためには、従来どおり法定相続人全員が「遺産分割協議」に合意し、「遺産分割協議書」などの必要書類を金融機関に提出しなければなりません。

不動産も同様です。どんなに不動産を持っていても、所有者が死亡し、その不動産を換金するには「遺産分割協議」を終えて登記上の名義を変更する必要があります。それで初めて売却が可能になるのです。

このように考えると、**人が亡くなった段階で遺族が現金をすぐに受け取り、債務の返済や葬儀費用の支払いに充てたいということになれば、生命保険以外にはない**のです。どんなに資産を持っていても、生命保険金がなければ、遺族が葬儀費用の支払いにさえ困ることがあるのです。

これを経営者保険に置き換えると、経営者が死亡し、後継者が経営に着手した際に、必要となる資金をすぐに得られるということになります。会社の運転資金や従業員の給与など、いわゆる「資金繰り」に頭を悩ませることなく、後継者が安心して経営にまい進できるということです。

④資金平準化機能

生命保険は、今から毎月保険料を払っていくことで、いずれかの時に死亡保険金や解約返戻金として、まとまった資金を得ることができる契約です。

これも、私たちにとっては当たり前の機能ですが、特に経営者保険においては効果的なものとなります。

　例えば、経営者の退職金を10年後に5,000万円支払う予定の企業を例に考えてみます。

　退職金は適正額であれば、支払う会社としては全額損金で支出することができます。

　しかし、5,000万円もの多額な損金を、退職年度に一度に支出するとなると、少なくともその年度で5,000万円以上の黒字が出ていなければ、退職金を支払った瞬間、その会社は赤字に転落してしまいます。

　会社が赤字になれば、取引先や金融機関も不安を感じます。特に、官公庁を相手に仕事をしている会社であれば、取引にあたって決算書の提出が求められることがありますので、赤字の決算書では仕事がしにくくなる可能性があります。

　この場合、例えば生命保険で10年後に一定額の解約返戻金が確保できる契約をしておけば、退職時に解約することで、いったん会社に解約返戻金が入金されます。つまり、保険を解約して「益出し」をするのです。そこから退職金を支払えば、退職金が損金になる一方で、保険の解約返戻金、つまり益金と一部相殺できますので、退職時の損金を減少させることができるというわけです。

　このように考えれば、保険を活用し、**一時に多額の支出を伴う資金を今から平準化しておくことで、企業の安定経営に資する提案ができる**ということになります。

＊

　以上のように、個人保険と経営者保険は、お客様のニーズに対し、同じ４つの「生命保険の機能」を活用して課題解決を図るという点では共通しているのです。

3 「税務」からみた 個人保険と経営者保険

　個人保険と経営者保険にはもうひとつ、「税務」という共通点もあります。

　こういうと意外に思われるかもしれませんが、**個人の所得税の課税の仕組みと、法人税の課税の仕組みは基本的に同じです。そして、生命保険加入による効果の考え方も同じなのです。**その点について、これから詳しく見ていきましょう。

①保険料支払時の税務

　貴方は、個人のお客様に生命保険の提案を行う際、支払保険料が「保険料控除」の対象となることや、遺族が受け取る保険金は相続税の課税対象になる、というような税務の話をしていませんか？

　経営者保険にも、保険料控除に似た仕組みがありますし、受け取った保険金の税務は保険種類や契約形態で定まっていますから、税務の基本的な枠組みは一緒です。

　違う点があるとすれば、「『用語』が違う」ということです。

　我が国の税制では、税金は何にかかるかというと、「収入」ではなく、「収入から経費を差し引いた残額（課税所得）」に対してかかる仕組みになっています。

　例えば、給与収入が500万円、各種の所得控除が200万円の方を例に考えてみましょう。

給与収入：500 万円	
各種控除：200 万円	課税総所得：300 万円

所得税：300 万円 ×10％－9 万 7,500 円＝20 万 2,500 円

※復興所得税は考慮せず

　ここでの各種控除とは、給与所得控除や配偶者控除などの合計額です。上記の場合、500万円の給与収入があっても、各種控除が200万円あれば、課税総所得は300万円となります。最終的にこの金額に税率をかけて、速算控除額を差し引くという計算で、この人の所得税は20万2,500円となります。

　例えば、この人が３つの保険料控除枠（一般生命保険・個人年金保険・介護医療保険）をフルに使えば、合計で12万円の「所得控除」を受けることができます。各種控除の金額が200万円から212万円に増えますので、その分、課税総所得を減少させます。

給与収入：500 万円	
各種控除：212 万円	課税総所得：288 万円

→

所得税：288 万円 ×10％－9 万 7,500 円＝19 万 500 円

※復興所得税は考慮せず

　課税総所得が減少した分、所得税も１万2,000円減少したことがわかります。

保険料控除の場合、終身保険や養老保険、個人年金保険など、お金の
たまる保険であっても掛け捨ての保険であっても、一定以上の保険料を
払っていれば同じように生命保険料控除を受けることができます。貯蓄
性の有り無しは関係ありません。

　一方、法人の場合にも、生命保険に加入して保険料を支払えば、保険
の種類に応じて保険料の全部、または一部を「損金」に算入することが
認められています。損金とは、会社が支払うお金（支出）のことで、仕
入・人件費・家賃などの経費が相当します。個人でいう「控除」と同じ
と考えておいてください。

　ただし、**法人の場合には、お金がたまる保険であるほど損金に算入で
きる割合は減少していきます。**

　売上が1億円、支出（仕入・人件費等）が7,000万円の会社があると
します。この会社にかかる法人税は次のように計算します。

売上(益金)：1億円	
損金：7,000万円	所得：3,000万円

法人税：3,000万円 ×30％＝900万円

※税率を30％とした場合

　益金という言葉が出てきましたが、これは会社の資産を増加させる収
益を指します。売上の現金が入ってきたような場合、これを益金という
わけです。

　先ほどの個人と同様、会社に入ってきたお金の全てが課税されるので

はなく、売上を上げるために要した支出を損金として差し引き、残った金額を「所得」と考えます。

　法人税は、この所得に対して税率が掛けられて計算されますので、3,000万円の所得で税率が30％とすれば、法人税は900万円ということになります。所得税も法人税も、計算の仕組みは一緒です。用語が違うだけなのです。

　それでは、この会社が、全額損金算入が認められている経営者保険に加入したらどうなるでしょうか？　仮に年払保険料を1,000万円とした場合は次のようになります。

売上（益金）：1億円	
損金：8,000万円	所得：2,000万円

→

法人税：2,000万円 ×30％＝600万円

※税率を30％とした場合

　年払1,000万円の経営者保険に加入したことで、損金が1,000万円増加しましたが、その分、所得が減少しました。法人税は所得に対して税率を掛けて計算されますので、所得が減少した分、法人税が300万円減少したことがわかります。

　経営者保険では、実際に支払った保険料から、この、減少した法人税を差し引いて、**「実質負担保険料」**と言います。会社から出ていく保険料は1,000万円ですが、その年度の決算で法人税を300万円支払わずに済んだので、その会社の正味の負担は700万円、という考え方です。

また、解約返戻金を実質負担保険料で割って、**実質（解約）返戻率**と言います。

> ★支払保険料－減少した法人税＝実質負担保険料
> ★解約返戻金÷実質負担保険料＝実質（解約）返戻率

なお、2019年7月に生命保険協会が「生命保険商品に関する適正表示ガイドライン」を改訂し、ここで述べた「実質負担保険料」「実質解約返戻率」等は顧客に誤解を与えかねないものであるとして慎重に対応することを協会加盟各社に通知しました。

これを受けて、**生命保険各社は、経営者保険の提案時に提示していた「実質負担保険料」「実質解約返戻率」等の税効果を強調するような表記は自粛する方向**です。

にもかかわらず、ここであえてこれらの言葉を取り上げたのは、過去に販売されてきた経営者保険にはこれらの表記があること、これまで、どのように税効果がアピールされて販売されてきたか、ということを理解していただくためであり、**これからの経営者保険販売では使用されなくなる言葉**であるということをご理解ください。

②保険金受取時の税務

法人契約の生命保険では、被保険者である経営者が死亡した場合に、死亡保険金が保険金受取人である法人に支払われます。この場合の税務処理について解説しましょう。

死亡保険金や解約返戻金を契約者である法人が受け取る場合、**それまでに資産計上してきた保険料累計額を差し引き、保険に関する収益部分**

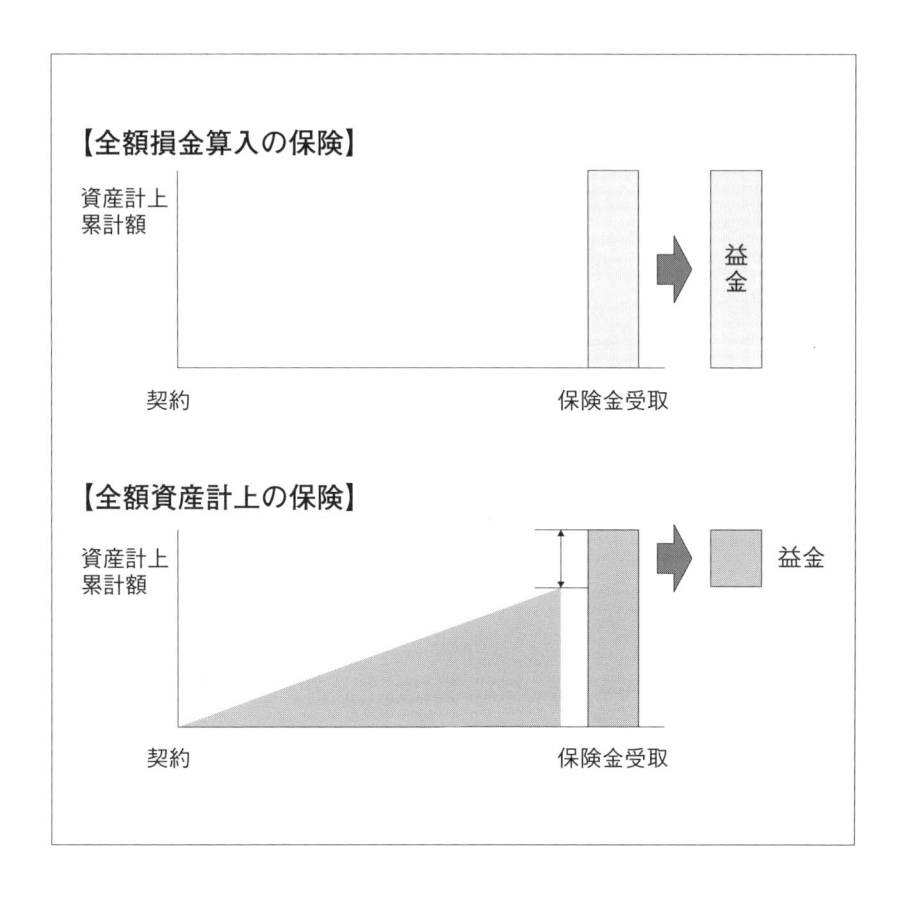

を計算することになります。

保険金・解約返戻金の収益
＝支払われた保険金・解約返戻金－資産計上累計額

　例えば、全額損金算入が認められている定期保険等の場合には、保険料の資産計上累計額はゼロとなるため、保険金や解約返戻金の全額が「益金」となります。また、終身保険のように、保険料の全額が資産計上となる保険の場合には、保険金から資産計上累計額を差し引いた部分

だけが益金となります。

　保険料の全額が損金算入できる保険の場合には、保険金・解約返戻金受取の際に大きな益金が発生します。利益の出ている法人の場合、このまま決算を迎えれば、保険金・解約返戻金に法人税が課せられることになります。

　このような場合、同一年度内に役員退職金の支払いがあった場合はどうなるでしょうか。役員退職金は適正範囲内の金額であれば「全額損金算入」が認められます。これにより、保険によって発生した益金に見合う役員退職金を支払うことで、保険に関する法人税課税が避けられることになります。

　このような考え方を「見合い損金」といいます。**将来発生する「保険による保険金・解約返戻金の受取時（出口）」の使途を考えて提案することで、受取時に発生する利益を帳消しにすることができる**のです。

　保険料支払い時（入口）の税効果のみに着目して経営者保険に加入している例が多くみられますが、**出口の使途を決めておかなければ、それまで獲得してきた税効果を出口で吐き出してしまうことになりかねないことに注意が必要です。**

実質負担保険料を
感覚的に理解する

　例えば、経営者が取引先を接待して、３万円の飲食費を支払ったと
します。経営者の財布から３万円が出ていきますが、経営者はお店か
ら３万円の領収書を受け取り財布に入れます。

　その領収書の本質的な役割は「割引券」です。決算の時にその領収書
を税務署に出せば、法人税を割引してくれます。法人の実効税率を30%
とすると、先の接待の領収書は３万円なのでその30%、つまり9,000円
の割引券になるのです。

　結果として、３万円の接待をしましたが、年度末に9,000円を税務署
が返してくれるのですから、正味の負担は21,000円ということになりま
す。これが「実質負担」の考え方です。

　ただ、この「法人税の割引券」は、年度が締まって決算を迎え、法人
税を支払う段になると使える割引券です。赤字の会社はそもそも法人税
を払いませんので、いくら割引券があっても、使い道がありません。そ
れどころか、間違えて出してしまうと、きっちりと計算されて赤字がま
すます増えてしまう結果になるのです。

　「実質負担」という言葉を理解するには、このような経営者的な感覚
が必要です。

第3章

経営者保険セールスの切り口

■「保険を会社経営に役立てる方法」を知っておく

　本章のタイトルでは、あえて「セールスの切り口」という言葉を使っています。日頃からニーズセールスを実践されている貴方は、「特定のニーズを喚起して保険販売につなげる」ということはあまりされていないかもしれません。しかし、**経営者保険のセールスにおいては、この「切り口」をどれだけ豊富に身につけているかで、商談の成功可能性が大きく左右されます。**

　ただ、ここで間違えてほしくないのですが、豊富な切り口を身につけるのは、経営者に対してたくさんの切り口を次から次へと繰り出し、「下手な鉄砲、数打てば当たる」的なセールスを行うためではないということです。

「経営者保険の切り口」というのは、言いかえれば、「保険を会社経営に役立てる方法」ということです。
　経営者と会話をしている中で、ちょっとした話のくだりから経営者がまだ気づいていない会社経営上のリスクが見えてくることがあります。それを的確にとらえ、そのリスクのヘッジに経営者保険の活用をおすすめする。それによって商談は成功につながるのです。

　ただ、その時に、経営者保険の切り口（＝「保険を会社経営に役立てる方法」）を貴方自身が知らなければ、会話の中で、（保険を役立てることができる）企業のリスクに「気づく」ことはできません。

　例えば、「今期の業績は前期と比べていかがですか？」と尋ねた際、「今期は円安の影響で少し利益が落ちそうだな。」という答えが返ってき

たとします。

　ここで考えられるのは、為替の影響を受けるということは海外との輸出入があるということ。円安になって利益が落ちるということは、外貨に対して円の価値が下がったため、海外から輸入する際の支払いが円ベースで膨らむことを意味します。例えば、製造業であれば原材料や部品を輸入して国内で製造・販売している会社であることがわかります。

　つまり、この会社は経営者の努力ではどうしようもない為替の状況で毎年の利益が上下するということになります。毎年の決算書が良かったり悪かったり、ということになれば金融機関との取引にも影響が出かねません。最悪の場合、必要な資金の融資が受けられない可能性があります。

　そんなとき、経営者の経営努力ではどうにもならない外部環境による利益の減少に備える生命保険の活用方法を知っていれば、そこから話が続けられるでしょう。

　このように、**会話の中から企業のリスクを察知し、スムーズに話を進めていくためには、経営者保険の切り口（＝「保険を会社経営に役立てる方法」）をいかに豊富に知っているか、ということがポイントになるのです。**

　本章では、経営者保険の代表的な切り口をご紹介しますが、もちろん経営者保険の活用方法は実際にはこれだけではありませんし、これからも様々な活用方法が編み出されることでしょう。

　大切なのは、貴方自身がいつも興味・関心をもって経営者保険の切り口を収集したり、自らの頭で考えることなのです。

1 事業保障対策を経営者保険の切り口に

　事業保障対策とは、経営者に万が一のことがあっても、会社が継続できるための備えのことを言います。

　事業保障対策を経営者保険セールスの切り口にするには、まず、**経営者がいなくなっても、会社が継続するには何が必要かを考える**ことです。そしてその金銭的な部分について、生命保険の死亡保険金や解約返戻金を活用できないかを検討します。

　以下、いくつかのポイントで、生命保険を使った事業保障対策について考えてみましょう。

①後継者の不安解消を切り口にする

　現在の経営者の代わりに、すぐに後継者が現れれば、会社はそのままの状態を維持していける可能性が高まります。その意味で**後継者の有無は、事業保障対策の一番のポイント**と言えるでしょう。

　中小企業の場合には、子息を後継者にしようと考えている経営者が大半だと思います。ただし、そこには問題もあります。子息の側に、後継者になるという意思・意欲があるかどうかわからないということです。

　「借金を抱えた会社を引き継ぎたくない」「事業に将来性がない」「他にやりたいことがある」と考えて、あてにしていた子息が後継者になることを拒む可能性はないでしょうか?

事業保障対策というと、会社の借入金がいくらだから、その分を保険で……とアプローチするのが一般的ですが、少々直接的すぎますし、アプローチされる側としても気分のいい話ではありません。

納得感のあるアプローチをするには、まずは、**経営者が「誰を後継者にしたいのか」という点からスタートし、それを妨害する要素として「借入金などの問題がないか」と進めるのがよいでしょう。**

残念ながら、後継者選びに生命保険を直接的に活用することはできません。しかし、後継者が不安に思う部分について、その対策として生命保険を活用することは大いに可能です。

経営者が亡くなった際に、会社に生命保険金が支払われ、その保険金で会社の債務を一掃できれば、後継者は「無借金の会社」を承継することができるのです。この効用を説いていきましょう。

②運転資金の確保を切り口にする

経営者の最大の関心事は運転資金だと言われています。運転資金とは、広義では「会社が必要とする資金全般」を指し、狭義では「商品を仕入れてから販売するまでの時間的なずれを補う資金」を指します。

後継者の立場に立って考えれば、後継者が配慮しなければならない資金は商品の仕入・販売だけではありませんので、ここでは少し広く、前者の「会社が必要とする資金全般」を対象に、経営者保険を使った事業保障対策を考えてみましょう。

①支払手形・買掛金
ビジネスにおいては、仕入や販売の際に、現金の代わりに手形を活用するケースがよく見られます。

日本で言う手形はほとんどが「約束手形」であり、指定日に額面の金

額を支払うことを約束する有価証券の一種です。このような約束手形を
「支払手形」といいます。

　例えば、1,000万円で商品を仕入れ、代金の代わりに60日後に1,000万
円支払う、ということが記載された手形を仕入先に渡します。これはつ
まり、商品を先に手にして1,000万円の借金をしているのと同じことに
なります。

　また、手形を発行せずとも、「掛け（かけ）」という方法も取られてい
ます。大量の取引が反復継続して行われる場合、その取引の都度、代金
の決済をするのでは手続きが煩雑となるため、お互いの信用のもと、取
引ごとに決済をするのではなく、一定期間の売上代金をまとめて支払う
約束で行われる取引のことです。掛けで商品を仕入れた際、その代金は
「買掛金」となります。これも、決済するまでの期間は短いですが借金
と同じです。

　この2つの「借金」には、いずれも経営者の信用力が必要です。信
用のない経営者では、取引先は手形や掛けでの取引に応じてくれませ
ん。「うちは現金取引しかしない」という経営者が時々いますが、取引
先から信用されておらず、手形や掛けが使えない企業である可能性があ
ります。

　ここで考えてみていただきたいのですが、**経営者が亡くなり、後継者
が引き継いだ際、取引先は今までと同じように支払手形や掛けでの取引
に応じてくれるでしょうか？**

　借金は信用が第一です。前の経営者は長年の取引実績があり、これま
で返済に問題がなかったので、取引先は支払手形や掛けで取引してくれ

ました。しかし、後継者は経営者としての実績も信用もまだありません。これから地道な取引をして信用を積み重ねていかなければならない状況で、取引先はどのように考えるでしょうか？

例えば、以前は60日後に返済すればよかった支払手形も、「信用していないわけではないのだけれど、様子を見るためにこれからは30日後の支払いにしてほしい」と言われたり、掛けで仕入れていた商品に対して、「当面の間、１か月に○万円を上限としてほしい」と条件を厳しくされる可能性があります。

一般に、信用力がない人との取引は「早めに回収する」か「金額を制限する」のがセオリーです。取引先にとっては支払手形も掛けも「お金を貸していること」と同じですから、後継者の取引実績がある程度になるまではこのように考える可能性がないとは言えません。

そこで、**後継者が支払手形や買掛金の条件変更を受けても資金調達に困らないための資金として、「支払手形＋買掛金」の資金を保険でカバーしておくことが重要となります。**
ここに、経営者保険セールスの一つの切り口があります

②金融機関からの借入金
次に、金融機関からの借入について考えてみます。会社が金融機関から借り入れているお金は大きく分けると２種類です。

長期借入金：１年を超えて決済する資金
短期借入金：１年以内に決済する資金

長期借入金は、高額な機械や設備を購入するような場合に使われます。例えば1億円を10年で返済する、というような借入金です。

　長期借入金は借入の際に契約書が交わされており、その契約書には、「期限の利益喪失条項」という取り決めがされているのが一般的です。「期限の利益」とは、例えば、借りたお金を10年間で返済する場合、借り手はお金を10年間で返せばよいという「借り手の（時間的な）利益」のことです。それを喪失するということは、10年間の猶予がなくなり、「即時返済してください」と迫られることです。

　この「期限の利益喪失条項」は、返済が滞ってしまって金融機関との信頼関係が保てなくなったような場合などに適用されます。ですから、経営者が亡くなったあと、会社が借入金を返済し続けていけるのであれば、即時返済は求められません。

　一方、短期借入金は、返済まで1年以内の資金で、従業員の給与・賞与の支払い資金、季節的に仕入が大きくなる時期に必要となる資金などに使われます。短期借入金は日常的に借り入れては返済しているので、毎月のように借入と支払いを繰り返しています。

　短期借入金は決済までの期日が短く、決済できなくなれば会社は資金繰りに行き詰まって倒産、ということになります。

　借入金の対策を行う場合には、まず、すぐに必要となる短期借入金のカバーを優先的に考えます。そのうえで保険料の支払い余力に問題がなければ、長期借入金の対策を検討してもよいでしょう。

　長期借入金は毎年の返済が進めば債務残高は年々減少していきますので、一時金ベースでの保険金額が逓減していく収入保障タイプの保険を検討してもよいと思います。

③従業員の給与・賞与

従業員への給与や賞与は借入金とは違いますが、毎月決まった時期に決まった額を支払わなければならないという点では、会社にとって借入金を返済しているようなもの、と考えることができます。

特に、資金繰りが厳しくて給料日に給料が支払えない「遅配」が発生すると、従業員の間に動揺が広がります。なぜならば、遅配は会社倒産の初期症状と言えるからです。

給料の支払日が1日ずれたところで…と軽く考えるかもしれませんが、従業員は給料日に給料が支払われることを前提に生活を成り立たせていますから、遅配は従業員への重大な背信行為と言えます。

「社長が亡くなってこの会社は大丈夫だろうか」と考えている矢先に遅配が発生すると、従業員は、「いよいよこの会社は危ない」「退職金がもらえるうちに会社を辞めよう」と考えてしまいます。

得てして、このような場合には優秀な社員から辞めていきます。転職先が見つかりやすいからです。そうして会社は負の循環に陥ります。売上を支えていた従業員がいなくなったことで売上が落ち込み、さらに資金繰りが厳しくなり、気付いたら遅配が恒常的になっていた…。

そこで、**経営者に万が一のことがあっても、後継者が従業員の給与・賞与の資金繰りに窮しないための対策が必要**と言えるわけです。ここに経営者保険へのニーズが生まれます。

③事業保障対策の必要保障額

ここまで述べたように、経営者に万が一のことがあると、後を引き継いだ後継者が直面するのはお金の問題です。取引先・金融機関・従業員といった関係者に対する支払いを滞りなく行うための資金が必要となり

ます。

　経営者が元気なうちは何の問題も発生していなくても、安心はできません。取引先も金融機関も従業員も、いざというときには自らを守ろうと考えるからです。

　後継者がこれらの資金繰りに奔走しなくても済む資金を準備すること。これが事業保障対策なのです。そしてその必要保障額は次の金額を基準に考えます。

【事業保障対策の必要保障額】
○支払手形・買掛金・長期借入金・短期借入金への備え＝残債額×1.4
○従業員の給与・賞与への備え＝１年分の給与・報酬総額

　支払手形・買掛金などの借金への備えは、残債額の1.4倍と考えます。それは、次のような理由からです。

　経営者が亡くなって死亡保険金が会社に入金されると、その金額は益金となります（※１）。一方、借金を返しても負債が減るだけで損金にはなりません。

　仮に死亡保険金で借金を全部返したとして、利益を計上している法人の場合、年度末の決算の時には受け取った死亡保険金に相当する法人所得が出ることになりますから、手元に現金がなくても法人税がかかるのです。

　例えば、１億円の保険金を受け取って１億円の借金を返済したとしても、決算上は１億円の利益が出ているままとなります。法人税の実効税率を30％とすれば１億円の保険金に3,000万円の法人税がかかる計算になるわけです。

　こうなると、借金は返せても法人税が払えなくなってしまいます。そ

こで、法人税が課せられることを見越して残債の1.4倍程度（※２）の保険金が会社に入ってくるようにしておくのです。

　一方、**従業員の給与・賞与としては、後継者が経営に慣れて軌道に乗せられるまでの期間をベースに考えます。**後継者が今の会社の業務にどれだけ関与しているか、取引先・金融機関との関係はどうか、というような要素を考えながら確保しておく期間を決めていけばよいでしょう。

　なお、こちらは前述の借入金の返済と異なり、受け取った保険金をそのまま従業員の給与にあてた場合でも、従業員の給与は「損金」として計上されますので、法人所得が増えて法人税が増加することはありません。

（※１）　益金として計上される金額は「受け取った保険金額－資産計上累計額」となります。詳細はＰ48をご覧ください。

（※２）　保険金に30％の法人税がかかっても残債額を満たすようにするのですから、保険金額をＳとすると、

Ｓ＝残債額＋<u>Ｓ×0.3</u>

↑

保険金にかかる法人税

Ｓ－Ｓ×0.3＝残債額

Ｓ×（１－0.3)＝残債額

Ｓ＝残債額÷（１－0.3)＝残債額÷0.7＝<u>残債額×1.428…</u>

資金の平準化対策に経営者保険を活用する

「資金の平準化」とは、企業が将来必要とする資金を前もって積み立てていくことです。個人保険でいうところの「お子様の教育資金の積み立て」と同じく、ある時期に一時に必要となるお金を今から均等に積み立てていくことをいいます。

中小企業が事業に必要な資金を調達する主な方法は、金融機関からの融資です。資金を必要とする時に借りて、その後、利息とともに元本を返済していきます。

ただ、**必要な資金の調達を融資にだけ頼ることは、企業にとってリスクが大きいと言わざるをえません。そこに、保険を活用して資金の平準化を行うニーズが出てくる**わけですが、ではなぜ、資金を融資に頼ることはリスクがあるのでしょう。それは以下のような理由によります。

資金調達を融資に頼るリスク。それは一言で言うなら、お金が借りられるかどうかを決定するのは、その企業ではなく「金融機関」だということから生じます。つまり、融資という資金調達の方法は、「金融機関がその企業にお金を貸してくれるかどうか」に依存しているのです。

企業経営に必要な3つの要素は、「ヒト・モノ・カネ」の3つです。「ヒト」に関して経営者は、どのような社員を雇うか、どのような部署に配置するか、について最終的な権限を持っています。

「モノ」で言えば、どのような機械を入れて生産するか、どのような設備を入れて経営を合理化するか、どのような商材を扱うか、ということ

```
┌─────────────────────────────────────────────────────────┐
│            ┌─────────────────────┐                        │
│            │  経営に必要な３つの要素  │                        │
│            └─────────────────────┘                        │
│                                                           │
│  ヒト（人材）・・・採用・解雇・配置転換 ➡  ┌──────────────────┐  │
│                                      │ 経営者 が最終決定権者 │  │
│  モノ（資材）・・・機械やシステムの購入 ➡  └──────────────────┘  │
│                                                           │
│  カネ（資金）・・・運転資金や長期借入金 ➡  ┌──────────────────┐  │
│                                      │ 金融機関 が最終決定権者│  │
│                                      └──────────────────┘  │
└─────────────────────────────────────────────────────────┘
```

について、経営者は最終的な権限を持っています。

　しかし、「カネ」に関しては、経営者が必要とするときに、必ずしも円滑に手にできるとは限りません。資金調達を金融機関からの融資に頼っている場合、その最終決定権者は金融機関だからです。

　企業経営者は、金融機関とはどのような思考をする人たちで、資金を貸すか貸さないかのポイントがどこにあるのか知っておかないと、いざ、本当に資金が必要な時に融資を受けられなくなる可能性があるということを理解しておく必要があります。

　そのためにも、必要なお金を融資だけに頼らず、会社が自ら準備しておく方法として、この平準化対策が必要なのです。

　以下、資金の平準化対策を経営者保険の切り口とするために知っておきたいポイントを挙げておきます。

①金融機関のビジネスモデル

　金融機関は預金者から広く集めた預金を、資金を必要とする企業などに貸し付けて利ザヤを稼ぎます。預金者に払う利息と、債務者から受け

取る利息の差額が金融機関の収益となるわけです。例えば、3％の預金利息で集めたお金を5％の利息で貸し出せば、差額の2％が収益になるということです。

　ところが、長引く低金利の昨今では、預金利息はほとんど無いに等しい状態が継続しています。同様に、貸出利息も下がってきています。昨今では、0.1％で集めたお金を0.5％で貸して0.4％しか差額が稼げない、というような「薄利」な状況となっているのです。

　薄利ですから、1社でも貸出先に破たんが起きてしまうと、その損失を取り戻すためには、その数十倍もの新規融資を行わなければなりません。金利が低い今では、金融機関の融資姿勢は極めて慎重で、「きちんと返せるところに貸す」というスタンスが基本となっています。

②金融機関の融資のポイント

　では、金融機関は、相手にお金を貸すかどうかをどのように見極めているのでしょうか。融資の審査の際には、決算書を見たり、経営者にインタビューをして使い道などを確認しますが、結論として **「貸したお金で収益が上げられるか（返済原資が確保できるか）」という1点に尽きます。**

　例えば、「工場の機械を最新のものにするために融資を受けたい」という場合、工場の機械の性能が向上することで生産性・生産量が向上し、その会社の売上が上がることが予想できます。会社の売上が上がれば、そこから借入金の返済のための原資が確保できます。このような資金は金融機関も喜んで融資に応じてくれます。

逆に考えれば、「貸したお金で収益が上がらない」資金については、金融機関は融資に慎重です。例えば、「引退する会長の退職金」などは典型的な例です。

退職金のためにお金を借りても、借りたお金は会社を素通りして引退する会長に払われてしまいます。会社には金融機関から融資を受けた負債だけが残ることになります。また、引退した会長が取引先を掌握していたような場合は、引退することで会社の顧客グリップが弱まり、売上が下がってしまう可能性があります。

他には、「リコール費用」や「損害賠償費用」などの後ろ向きな資金も同じです。これらは目の前の問題解決にお金を使うだけであり、会社の売上向上には何一つ寄与しません。むしろ、風評被害で売上が一時的に落ちてしまったり、対処方法を誤れば、企業の存続そのものさえ危うくなります。

つまり、金融機関は、貸したお金は必ず返してもらいたいと考えており、「返すあて（返済原資）があるのかどうか」という点が融資の最大のポイントとなります。

③企業が必要とする資金には２種類ある

このように考えると、企業が必要とするお金は、「金融機関が喜んで貸してくれる資金」と「金融機関から借りにくい資金」の２つに大別できます。それでは、後者の資金の必要性が生じた場合、どうしたらよいのでしょうか？

このことが、経営者保険でいうところの「資金の平準化対策」の考え

方になります。

　意外に思われるかもしれませんが、生命保険と金融機関からの融資は「表裏一体」の関係にあります。

　融資は「必要な資金」が生じたときに一時金で借り入れて、その後、分割して利息と元本を払います。一方の生命保険は、将来に向けて今から分割で保険料を払っていき、必要が生じたときに保険金や解約返戻金という形で一時金を手にすることができるのです。

　当たり前といえば当たり前のことなのですが、融資は「先に使って後から分割で返す」、保険は「今から積み立てて後で使う」という後先の違いがあるだけで、**「企業が必要とする資金を調達する」という目的は同じ**なのです。

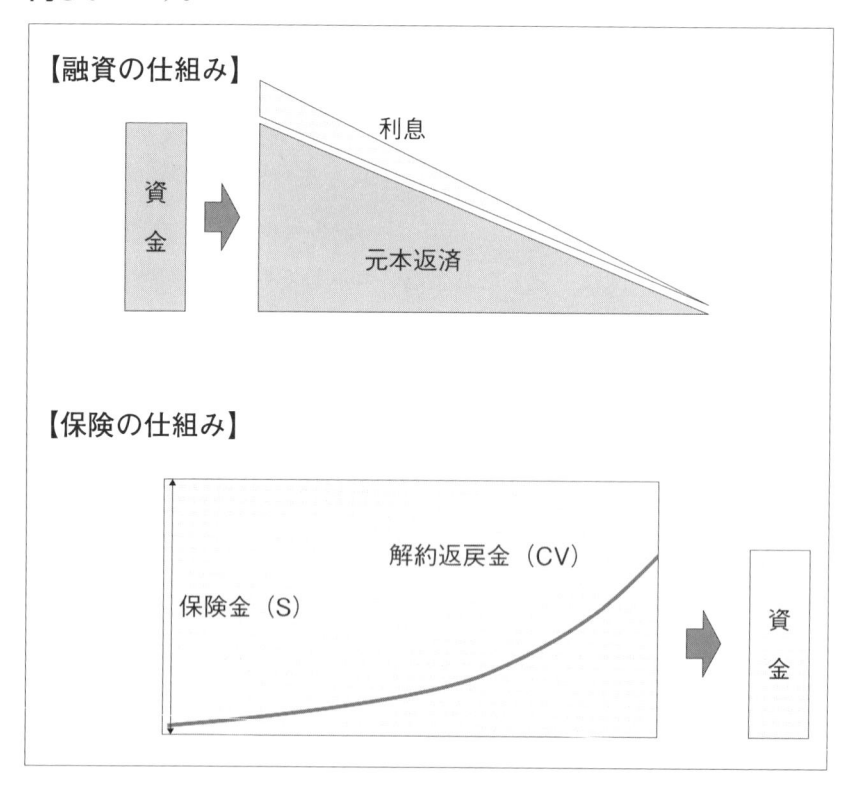

　融資は借りたお金に利息を付けて返していきます。利息を受け取るのは「金融機関」です。一方、保険は事前に準備する分、予定利率や税効果を享受できますので、必要なお金よりも幾分少ない金額の積立で、実質的に同じ金額を用意できます。その意味では、利息を受け取るのは「企業」ということになります。

　さらに、生命保険であれば、解約返戻金の積立以上の保険金額が設定されています。経営者に万が一のことがあれば企業が受け取れるお金です。単純に解約返戻金で貯める以上のプラスアルファがついているわけです。

　つまり、この資金の平準化対策というのは、**金融機関が貸しにくい資金を前もって自社で積み立てておく**、ということなのです。

3 事業承継を 経営者保険の切り口に

「自分は死ぬまで引退しない」と言っている経営者も人間です。年齢的な衰えとともに、いつかは事業を後進に委ねる時期が来ます。後継者が後を継ぐときにネックとなることを事前に取り除いておくことが事業承継のポイントです。

ここでは、この事業承継対策を、経営者保険の切り口とする方法を考えてみます。

1 経営者の連帯保証債務を保険でカバーする

日本の中小企業では、会社の債務について、経営者個人が「連帯保証人」になっているケースがほとんどです。なぜならば、そうすることでお金を貸す金融機関としては、会社が倒産して回収ができなくなっても、経営者個人の私財から返済させられるからです。

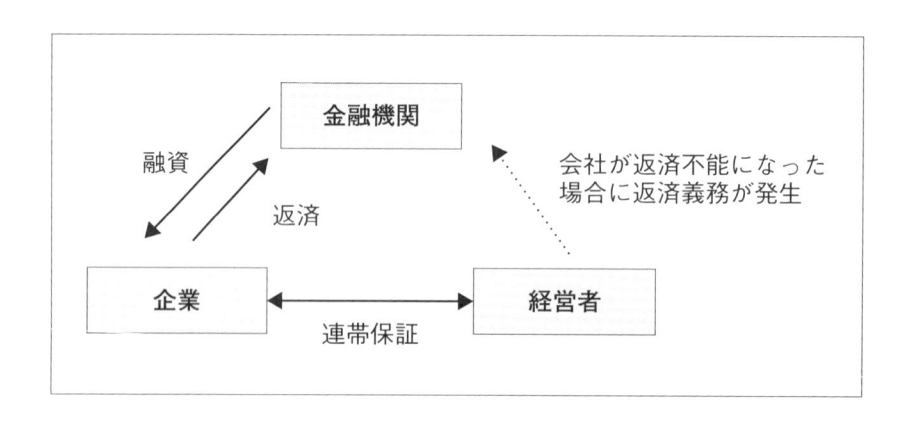

　貴方は「他人の連帯保証人になってはいけない」と教わったことはありませんか？　それは連帯保証人が、通常の保証人と比べて非常に強い法的な拘束があるからです。連帯保証人には、以下の３つが認められていません。

①催告の抗弁権
　　連帯保証人より先に、主たる債務者の方に債務の返済を催告するよう要求する権利
②検索の抗弁権
　　連帯保証人より先に、主たる債務者の財産に対して執行するよう要求する権利
③分別の利益
　　保証人が複数の場合に、分割された債務のみ保証すればよいこと

　つまり、融資をした金融機関から見れば、「取りやすいところに全額要求すればよい」ということになります。

　通常、倒産した会社には、債権者がたくさんいます。債権者は会社に対して債務の返済を求めますが、そのような会社が支払えるのは、債務のごく一部です。これを、債権者間で分割して返済を受けることになれば、貸した金は戻らないばかりか、いつ返済されるかもわかりません。

　その点、経営者を連帯保証人としておけば、会社に請求することなく、初めから経営者個人に会社の債務を全額返済するよう要求できることになるのです。

　ここで、経営者が死亡して、会社の運営が困難になった場合を想定してみましょう。

　経営者が会社の債務に対して連帯保証していた連帯保証人の地位は、

相続によって、法定相続人に「当然分割」されます。

　被相続人の遺産は、分割の態様によって3つに区分されます。

①遺産分割を要するもの
　　……現金・不動産・株式　等
②遺産分割を経ずに「当然分割」されるもの
　　……金銭債権（貸付金）・金銭債務（借入金）　等
③法律で「単独承継」が規定されているもの
　　……墓地等の祭祀関連財産

「当然分割」というのは、遺産分割協議等を経ずとも、自動的に法定相続割合に分割されるということです。相続人は、被相続人である経営者の連帯保証債務を背負うことになりますが、問題はここで終わりません。

　相続税を計算するときに、借金があればその分は相続財産から差し引ける、という話を聞いたことはありませんか？　これを「債務控除」と言い、借金の分だけ納める相続税は安くなります。

　しかし、この連帯保証債務は、主たる債務者である会社が返済不能に陥り、債務の返済ができないことがはっきりするまでは「債務として確定していない」ということになります。そのような確定していない債務は、相続税の計算の際に差し引いて計算することができません。

　相続人としては、相続税計算の債務控除も受けられず、強制的に連帯保証債務を相続させられる、ということになるのです。

　経営者は、会社が倒産しても私財を投げ打って返済する、ということをある程度覚悟しているかもしれません。しかし、それは経営者が「生

存している」場合です。経営者が死亡して会社が立ち行かなくなれば、前述のように、配偶者や子供たちといった法定相続人が経営者の連帯保証債務を当然分割で継承することになるのです。

　個人が、住宅を購入した後、債務者に万が一のことがあれば、その住宅ローン債務は配偶者や子供たちに当然分割されて引き継がれてしまい、残された家族が住宅ローンの返済に困ることになります。

　そうならないために、住宅ローンを組むと同時に「団体信用生命保険」に加入します。団体信用生命保険は、住宅ローンの債務残高相当額を保険金額として、万が一の際にはその保険金を金融機関が受け取って債務を帳消しにする仕組みになっています。

　会社債務の連帯保証人となっている経営者が、その債務に対する返済の備えをせずにいるということは、団体信用生命保険に加入せずに住宅ローンを組んでいるようなものと言えます。

　そこで、**連帯保証債務のもととなっている借金については、経営者保険を利用して、経営者が亡くなった後に会社が返済できるようにしておきます。**そうすれば連帯保証人が、金融機関から返済を求められることはなくなります。

　会社が借り入れているお金は長期借入金、短期借入金を含めて多額になるでしょうが、**経営者の死で会社がすべての債務を返済できるようにしておくことで、「無借金状態の会社」を後継者に継がせることができるのです。**

　なお、このような対策で保険を手当てする場合、**保険金額は借入額の1.4倍程度**としておく必要があります（P62参照）。

> **必要保障額＝借入金×1.4**

②役員借入金の返済を保険で行う

中小企業では、会社設立時や資金繰りが厳しい時に、経営者が会社に個人のお金を入金することがあります。会計上、このお金は「役員借入金」といいます。つまり、会社から見て、役員からお金を借り入れた、という意味です。

経営者は、自分の会社のピンチを脱するために自らの資金を貸し付けた形にしているだけであって、利息を取って儲けよう、という気持ちがあるわけでなく、「ある時払いの催促なし」程度の認識でいることが多いようです。

しかし、資金繰りが厳しくなる都度、会社に貸し付けを行っていると、知らず知らずのうちにその残高が大きくなっていることがあります。

このような役員借入金がある場合、経営者に万が一のことがあると、**その役員借入金は相続財産として法定相続人に相続されます**。この役員借入金は、将来、会社から返済を受けることのできる債権ですから、相続税の計算の際には、プラスの財産として相続財産に加算され、相続人はそれに応じた相続税の支払いが必要となります。

後継者が、この役員借入金の債権を相続する分については、ある意味仕方がないでしょう。自分が経営する会社に対する貸付金ですから、今とは言わないまでも、いずれかのときに回収することができるからです。

しかし、後継者以外の相続人にとっては大変です。いつ返済してもらえるかわからない債権を相続しても、それに対して相続税を支払わなけ

ればならず、その期限も10カ月以内だからです。会社に対して、相続税を支払うために債権を返済してほしい、ということになるでしょう。その時、会社に返済する原資はあるでしょうか？

この役員借入金の対策は、**経営者に万が一のことがあった場合に、役員借入金を相続した相続人に対して、会社が借金を返せる資金を用意しておく**ことにあります。

その結果、相続人は現金を手にできますので、それを相続税の納税資金に回すことができます。会社としても債務の一つがきれいになります。

この対策をする場合の**必要保障額は、役員借入金残高の1.4倍**です。理由は①の連帯保証債務の場合と同じです。

> **必要保障額＝役員借入金×1.4**

③会社への土地貸付の解消に保険を活用する

中小企業では、会社が建っている土地が経営者個人の土地であることが少なくありません。このような場合、会社は経営者個人から土地を借りて、毎月地代を払う形になっています。

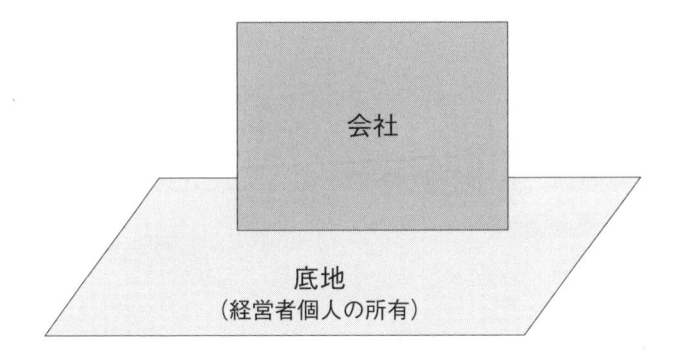

会社

底地
（経営者個人の所有）

このようなケースでは、建物が建っている土地を「底地」といい、会社は、経営者から借地権を得て地代を支払っているということになります。

　このように、底地と会社の建物の所有者が異なっていても、経営者が生存している限りにおいては問題は生じません。経営者としても、自分の会社ですから、土地を貸して個人で儲けようと思って貸しているわけではなく、事業を立ち上げてからの経緯でそうなっているにすぎないからです。

　しかし、相続が発生すると様子は変わってきます。この底地は経営者個人の所有ですから、経営者の相続財産に含まれます。

　上に会社の建物が建っていて借地権があるため、借地権の分、相続財産評価額は低くなりますが、社屋・駐車場・資材置き場・倉庫などを構えた会社であれば面積が広い分、相続財産の評価額としては大きくなることが想定されます。

　この底地を相続した相続人は、土地を相続したということになりますので、その評価額に応じた相続税の支払いを求められます。しかし、会社からは毎月地代しか入ってきません。相続税の支払いに困って、この底地を売ろうとしても、上に会社の建物があり、借地権が設定されている土地ですから、そう簡単には処分できないでしょう。まして、見ず知らずの第三者に底地を売るわけにもいきません。

　そこで、このような状況を解決する手段として、**経営者に万が一のことがあった場合に、会社自身が底地を相続人から買い取る資金を保険金で準備しておく**のです。

　会社は底地を買い取ることで、その土地は自社の資産になります。相

続人は売却益を手にできますので、相続税の支払い原資とすることができます。

②で見た役員借入金と同様に、**会社が保険金を受け取り、相続人にその現金が移転することで、後継者の相続税支払いに寄与できる方法**と言えます。

なお、必要保障額の考え方は、①、②の場合と同様です。

> **必要保障額＝底地の評価額×1.4**

④自社株対策に保険を活用する

事業承継というと真っ先に出てくるのがこの自社株対策です。自社株を大量に保有している経営者が亡くなれば、その自社株は相続財産に含まれます。中小企業といえども、それなりの企業ともなればこの評価額は多額になります。

その結果、自社株対策を考える経営者はどのようなことを考えるかというと、「株価を引き下げたい」「自分の所有する株式を後継者に移転させたい」という2点です。

ここでは自社株評価額の計算方法を細かくは述べませんが、自社株の評価額計算の際には「利益金」を使用しますので、利益を落とせば自社株の評価額は下がります。利益を落とすには、経費をたくさん使うことです。そこで活用されるのが「損金」になる生命保険なのです。

同時に、経営者が自社株を100％持っているために多額の相続税が課

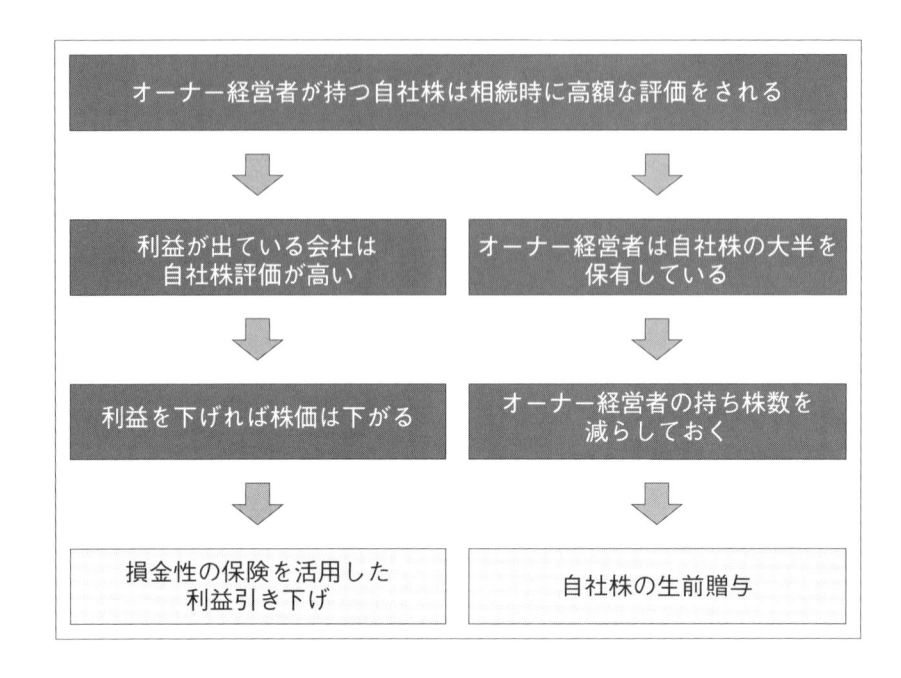

せられるわけですから、今のうちに少しずつ、例えば、贈与税の非課税枠の範囲内で数株ずつ生前贈与しておく、ということも行われています。

これらの提案は、保険のセールスパーソンだけでなく、税理士も「オーソドックスな事業承継対策」として提案することがあるようです。これらが事業承継対策となることは事実ですし、このような販売手法自体は、相手が望むことであれば何の問題もありません。

しかし、貴方には冷静に考えていただきたいことがあります。

一つは、相続税の計算の際に、どうして中小企業の自社株は高く評価されるのか、ということです。

　中小企業に限らず、株式の価値の計算には、その会社が今後、どれだけ利益を上げられるか、という考え方（株式の用語でいえば「PER（株価収益率」）と、その会社を今解散したとして、その解散価値はいくらあるか、という考え方（株式では「PBR（株価純資産倍率）」の２つを用います。

　上場企業の株価は、その企業のPERとPBRからみて、現在の株価水準が妥当かどうかで取引されます。PERやPBRの数値を見て同業他社よりも割安だ、と思われれば買われますし、割高だ、と思われれば売られます。上場企業は、絶対的な価値判断ではなく、投資家の割安感・割高感によって株価が決まるということです。

　中小企業の株価を計算するときには、PERに相当する「類似業種比準方式」、PBRに相当する「純資産価額方式」の二つが用いられ、大きな企業ほど類似業種比準方式のウエイトを高める調整が行われます。

　類似業種比準方式というのは、同業他社の平均株価を用い、業界平均の利益や配当などと比べて当該企業が相対的にどれだけ優れている会社であるかを計算する仕組みです。

　一方の純資産価額方式は、その会社をすぐに清算（解散）したとして、最終的に株主にいくらの残余財産が残るかを計算する仕組みです。小企業ほど、この純資産価額方式のウエイトが高まります。

　いずれにしても、自社株が高いという現象は、同業他社対比で経営が優れている、または、保有資産（解散価値）が高い、ということを意味します。

　つまり、業績の良い会社の株価は高くなるようにできているのです。

優良な資産を持っている会社の株価は高くなるようにできているのです。

　自社株の評価額を下げるために利益金を減らせば、その分、決算書は傷んでしまいます。**貴方が経営者だったら、利益をしっかり出しているピカピカの状態で後継者に会社を引き継がせたいですか？　それとも、決算書が傷んだ状態で引き継がせたいですか？**　傷んだ状態の会社が、銀行の取引を円滑にできると思いますか？　取引先から信用されると思いますか？

　次に，自社株の生前贈与について考えてみます。

　中小企業は、経営者がすべての株式を保有しているから強いのです。中小企業の経営者は、経営者という「経営の責任者」であり、株主という「会社の所有者」でもあるのです。だから、誰かに指図されることなく、自らの経営判断で会社を運営することができます。自社の株式を誰かに持たれていたら、自由な経営判断はできなくなるかもしれません。

　また、経営者は生涯現役を目指している方が少なくありません。つまり、「経営の責任者」の立場にはずっといたいのです。そのような方にとって、権力の裏付けとなる「会社の所有者」としての地位を脅かすような自社株の移転が、本当のニーズと言えるでしょうか？

　経営者が元気なうちに株価を下げる、株を移転する、ということが、経営者の感覚から見て適しているかどうか、貴方自身が経営者の立場になって考えてみればわかるはずです。

「自分が死んだときに『経営者の座』と『株式』をいっぺんに後継者に

承継したい」というのが、経営者の偽らざる本音ではないでしょうか？

　生命保険ならば、その想いを遂げてもらうことができます。保険金によって、自社株も含めた相続税を全額払いきれるようにすれば、経営者の座と株式をまとめて後継者に移すことができます。ここを押さえておけば、後継者は相続税の負担に苦しむことなく事業を承継できるのです。

　株価の引き下げや生前贈与は、ニーズに合っていれば行えばよいでしょう。しかしそれは、「生涯現役」を貫く経営者には受け入れがたい提案ともいえます。そんな時、貴方はこう言えばよいのです。

> 「事業承継は簡単です。経営者の座と経営者の自社株は、相続の際に後継者に一度に移せばよいからです。そのためには、自社株を含めた相続税を、法定相続人がきちんと支払えて、相続人が納得できる遺産分割ができればいいのです」

　つまり、**事業承継は、『相続税の納税資金準備と遺産分割対策』こそが先に検討すべき課題であり、株価引き下げや生前贈与は必要に応じて追加すればよいのです。**

　なお、この場合の契約形態は、経営者の個人契約でもよいですし、法人契約として死亡退職金が法定相続人に支払われるようにしておくということでもよいでしょう。

> 必要保障額＝相続税額

4 役員退職金を 経営者保険で用意する

　従業員の退職金は、中小企業退職金共済などで積み立てていても、経営者自身の退職金となると「いくら用意したらよいかわからない」「適当な準備方法がない」などの理由で準備されていないことが少なくありません。

　また、日本の税制では、「退職金は現役時代の賃金の一部を後払いしている」という側面を持つことから、課税対象の金額が小さく抑えられています。そのため、普段の役員報酬に比べても、はるかに少ない税金で済みます。

　以上の点から、経営者に会うと役員退職金の話を切り出す方は少なくありませんが、同じ役員退職金の話をしていても、保険契約につながる人とそうでない人がいるのも事実です。
　ここでは、基本的事項を押さえたうえで、経営者の心を動かすための方法について解説していきたいと思います。

①役員退職金はいくらが妥当なのか

　大企業はともかく、中小企業で役員退職金規定を作り、その原資を準備している企業は多くありません。その理由は「いくら用意したらよいかわからない」「適当な準備方法がない」「自分のことだから（そのうち準備すればよい）」というところでしょうか。

　経営者というのはそもそも、役員報酬や役員賞与、退職金の金額を自分で決めることができます。結論から言えば、自分が受け取りたい額を受け取ればいいのです。

　経営者は会社を立ち上げ、苦労していまの規模まで会社を成長させてきたわけです。会社の借金に個人として連帯保証したり、資金繰りが厳しい時は自分のお金を会社に入れたり…。会社には従業員がおり、その後ろにはそれぞれ家族がいます。彼らの生活を支えているのも経営者です。背負っているものがサラリーマンとはけた違いに大きいのです。

　一般のサラリーマンの退職金は1,000万円から多くて3,000万円程度というところでしょうか。中小企業の経営者であれば、責任の重さから考えても、これらの相場より大きな金額を受け取っても問題ないでしょう。

　一方で、会社が支払う役員退職金は、「損金」として扱われます。退職金を払えば、その金額は決算書上「特別損失」に計上され、その会社の所得を減らし、ひいては法人税を下げます。

　法人税を払いたくないばかりに高額な退職金を払う企業が増えてくれば、法人税の税収が大きく落ち込んでしまいますし、安易な利益調整に使われてしまう恐れがあります。そのため、**役員退職金は適正な金額であればその全額を「損金」に算入してよいことになっています**。その適正な金額というのは誰が判断するかというと、所轄の税務署です。

　税務署は、管轄内の企業について、どこがどれだけの退職金を支払ったかのデータを保有しています。同規模の会社の場合いくらくらいの退職金が妥当な金額なのか、ということを盾に「この退職金は著しく高額だから認められない」と言ってくることがあります。その時に使用して

いるのが次の計算式です。

役員退職金＝最終報酬月額×役員通算在籍年数×功績倍率

　功績倍率とは、例えば経営者ならば2、専務は1.8、常務は1.5、というように役職別の貢献度に応じて退職金の金額を増やす係数のようなものです。

　最終報酬月額や役員通算在籍年数は変えられませんが、功績倍率は簡単に変えることができます。そこで、役員が退職する際に利益が大幅に出そうであれば、「法人税で払うくらいならば退職金で払ってしまおう」などと考えて恣意的に功績倍率を高く設定して高額な退職金を支給し、利益調整に使われてしまう可能性があります。

　そのため税務署は、実際に支払った退職金を最終報酬月額と役員通算在籍年数で割り、功績倍率を逆算するのです。同じ程度の規模の会社の社長の平均的な功績倍率が2倍のところ、当該会社の倍率が5倍だとすると、相当に高い退職金を支払っている、ということになるでしょう。

　税務署はこういう点を見逃さずに「過大な退職金ではないか？」と迫ってくるわけです。

　さらに、税務調査に入った税務署がまず提出を求めるのが「役員退職金規程」です。その退職金がそもそもどのような根拠で支給されたのかということを確認するのです。そして、その退職金規程が、会社の正規の手続きを経て作成されたものであるか、具体的には、役員退職金支払いは会社の決算上「特別損失」になりますから、特別損失を出すに当たり株主の承認が得られているか（株主総会の議決を経ているか）、ま

た、その際に「金額は取締役会に一任」という議決になっているのであれば、取締役会の議事録が残っているか、ということを調べます。

　会社は組織ですから、**退職金支払いが組織のルールに基づいて適正に支払われているか、という点が最大のポイントとなります。**

　後々の税務上のトラブルを回避するために、最低でも「役員退職金規程」を作成しておくこと、退職金支払いの際には株主総会の議決を経ること、金額を取締役会に一任するのであれば取締役会議事録が存在すること、という点に留意しておくことが必要です。

②役員退職金原資の準備方法

　役員退職金が準備されていない理由に「効果的な積立方法がない」ということがあります。従業員の退職金については「中小企業退職金共済（中退共）」という国の制度があり、掛金は全額損金（しかも一定期間は国から掛金の補助あり）で積み立てることができます。

　しかし、この中退共は、あくまで中小企業に勤務する従業員の退職金を積み立てる制度なので、経営者を対象とすることはできません。役員であっても例外的に「取締役営業部長」のような「使用人兼務の役員」は対象とすることができますが、代表取締役は対象にできません。

　つまり、従業員の退職金には簡便でメリットのある積立方法がありますが、経営者の退職金は別途検討しなければならない、ということになるのです。

　積立などせずとも退職時に払えばよい、と考える経営者もいるかもしれませんが、前述のとおり、役員退職金は適正額については損金算入することが認められています。その分、法人所得を減少させますので、例

えば、3,000万円の退職金を払おうとするならば、その年度で3,000万円以上の利益が出ていなければ、退職金を払った年度は赤字に転落します。

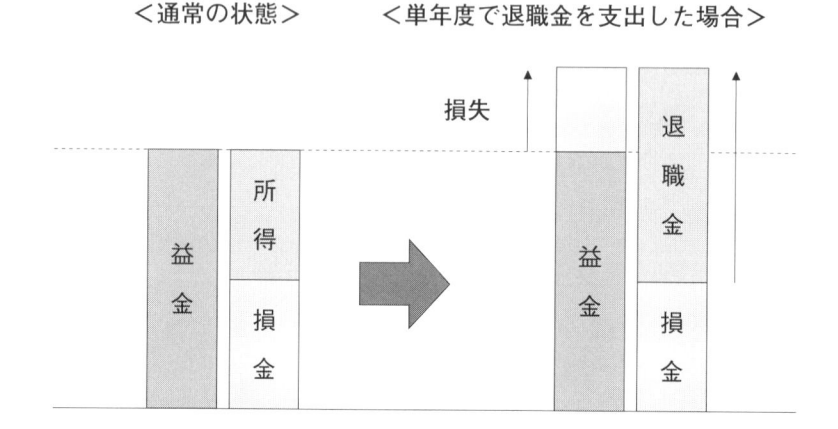

　退職金を受け取るということは、退職して後継者に禅譲することですから、会社を赤字の状態で引き継がせることになるのです。そう考えると、退職金はとても単年度の決算で吸収できるものではありません。

　そこで**生命保険を活用することで損失を回避することができます**。例えば、支払保険料の一部が損金算入、一部が資産計上という保険に加入し、勇退時に解約して解約返戻金を受け取ると、以下の金額が益金となります。

益金算入額＝解約返戻金－資産計上累計額

　会社が生命保険の解約返戻金を受け取ると益金になります。しかし、受け取った額が全額益金になるのではなく、それまでに資産計上してきた金額の累計額を差し引いて、差額のみを益金とします。

具体的に計算すると、次の計算式のようになります。

<例> 長期平準定期保険（99歳満了）
年払保険料：500万円　50歳加入・70歳解約
70歳時の解約返戻金：8,000万円

益金算入額＝8,000万円－500万円×60％×（70歳－50歳）
　　　　　＝8,000万円－6,000万円
　　　　　＝2,000万円

つまり、解約返戻金を8,000万円受け取っても、益金に算入するのは2,000万円だけでよいということになるのです。先ほどの事例にこれをあてはめると次のようになります。

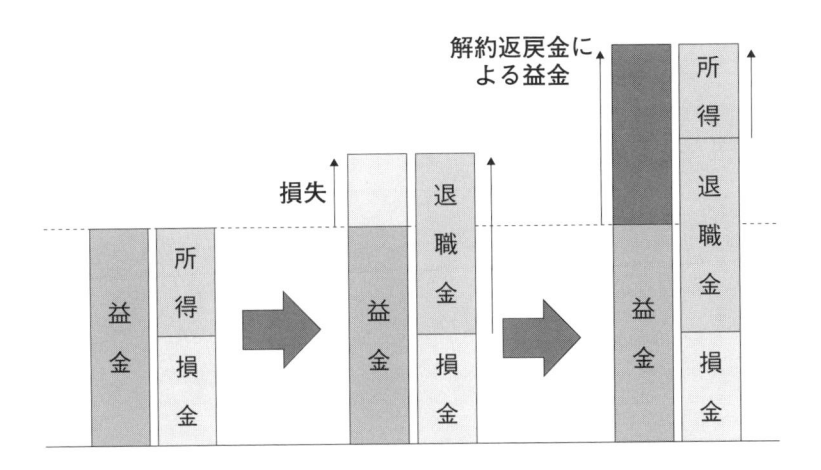

ご覧のように、退職金を支払う年度内に解約返戻金を受け取って益金を増やせば、退職金を支払っても法人所得は残る（つまり黒字）ことになります。

　準備をせずに退職金を支払うのは、相当の利益をコンスタントにあげている企業でない限り困難です。**黒字の状態で後継者に会社を引き継がせたいのであれば、勇退時に「益出し」ができる生命保険が合理的に活用できる**のです。

③退職所得の税制

　退職金に課せられる税金は、日本の税制の中では数少ない優遇税制だといえます。まずは、退職所得の仕組みを振り返っておきましょう。

> ●退職所得の３つのメリット
> ①「退職所得控除」②「１／２課税」③「源泉分離課税」

①退職所得控除

　まず、退職金を受け取った人は、その退職金から勤務期間に応じた控除を受けることができます。20年までは年間40万円、21年目からは1年について70万円として計算します。1年以内の端数月は「切り上げ」て計算することができます。21年以上勤続の方の退職所得控除は以下の算式で計算します。

> 退職所得控除＝40万円×20年＋70万円×（勤続年数－20年）

　30年勤続の方であれば退職所得控除額は1,500万円ということです。

退職所得控除は、実際に受け取った退職金からそのまま差し引いて税額計算をしますので、その差し引いた部分には元から税金はかからないということになります。

なお実際の商談の際には、「退職所得控除」ではなく、「非課税枠」「非課税で受け取れる退職金」というように表現したほうが相手の理解は高まるでしょう。この考え方は、相続税法第12条の生命保険金の非課税枠等と同様です。

まずは役員就任から勇退予定年齢までの年数を計算し、その年数による退職所得控除を計算することで、「最低限準備しておきたい退職金額」がわかるということになります。

②1／2課税

受け取った退職金から退職所得控除を引いたのち、その金額をさらに1／2にすることになります。つまり、①の非課税枠を使ってもなお残額が出たとしても、課税の対象となるのは1／2だけで、残りの1／2部分はこれまた「非課税」となるわけです。

このように考えると、退職所得控除と1／2課税でかなりの金額を「非課税」として受け取ることができることになるのです。

③源泉分離課税

3つめのメリットは「源泉分離課税」です。

日本の所得税は、「超過累進課税」となっています。簡単に言うと、所得が低い人には低い税率を、高い人には高い税率を適用します、という制度です。

次の表は平成27年度以降の所得に適用される税率表ですが、課税所得に税率を掛けて控除額を差し引いたものが所得税となります。

課税される所得金額	税率	控除額
195万円以下	5%	0円
195万円を超え　330万円以下	10%	97,500円
330万円を超え　695万円以下	20%	427,500円
695万円を超え　900万円以下	23%	636,000円
900万円を超え　1,800万円以下	33%	1,536,000円
1,800万円を超え　4,000万円以下	40%	2,796,000円
4,000万円超	45%	4,796,000円

　退職所得は、普段の所得と切り離し、単独でこの表を使うことができます。

　勤続年数30年の経営者が5,000万円の退職金を受け取った場合を例に考えてみます。

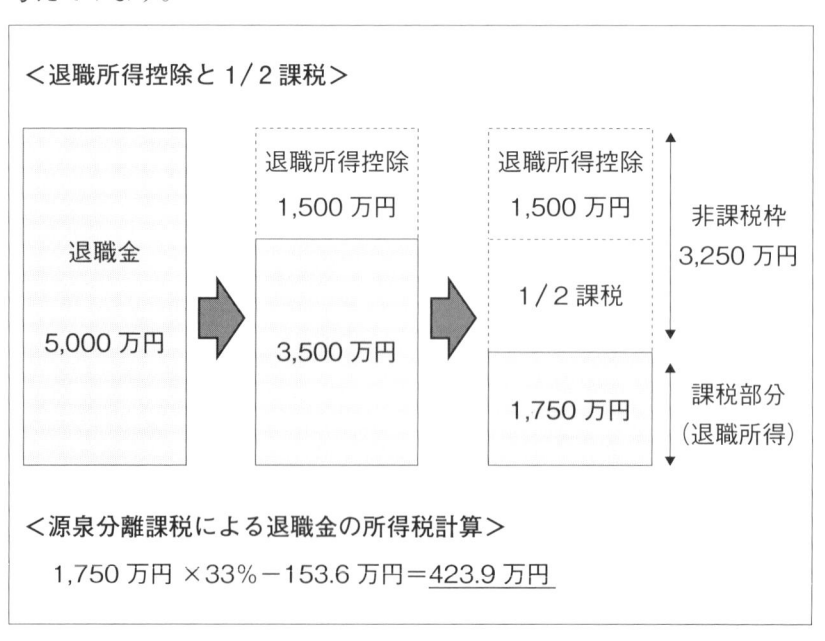

<源泉分離課税による退職金の所得税計算>
　1,750 万円 ×33%－153.6 万円＝<u>423.9 万円</u>

　ご覧のように、5,000万円という大きな退職金を受け取っても、実際にかかる所得税は約424万円と、実効税率で言えば8.5％程度の低税率になるのです。仮に給与（課税所得）として5,000万円受け取れば、1,770万円の所得税になるわけですから、その違いは歴然としています。

④役員退職金の本質

　ここまで役員退職金にかかわる優遇税制や、いくら準備すればよいのか、生命保険を活用した際の効用ということを考えてきました。
　ただし、これらの知識をもってしても、契約が取れる人と取れない人に分かれてしまいます。それは、知識やトークが原因というよりも、**「経営者」と「役員退職金」の間にある本質的な問題に気付いていない**ことに原因があると考えられます。

①経営者は勇退したいのか

　会社を立ち上げ、全てを賭けて会社の発展に尽くしてきた社長は、退職金をもらって勇退することを希望しているのでしょうか。

　会社というのは、はじめから法人としてスタートすることは稀です。はじめは個人事業からスタートし、徐々に規模が拡大するとともに、事業の将来性がある程度見定められた段階で法人化していきます。
　個人事業というのは本来、その事業主が死んだ段階で事業は終了します。しかし、法人は、代表者が死んでも誰かが後を継ぐことで残ります。個人事業から法人になるということは、法人という「不滅の身体」を与えて、自分が死んでも自分が始めた事業をこの世に残していくことができる、ということを意味するのです。
　このことから考えて、**自分が始めた事業から引退するということを考**

えながら仕事をしている経営者は、おそらく、ほとんどいないと思われます。引退するとすれば、不可抗力の状態、例えば、死亡や病気などで物理的に経営ができなくなったとき、というように考えているでしょう。

　ですから、貴方の口から「役員退職金」という言葉を聞いた時に、経営者の頭の中にはこれらの想いが渦巻いている可能性があるということを覚えておきましょう。

②退職＝事業承継という発想
　退職金話法を使うセールスパーソンは多いですが、肝心なことを忘れている人が少なくありません。
　退職金はいつ受け取りますか？　そう、退職時です。退職した後、その会社の代表は誰が務めるのですか？
　退職金を受け取るということは、会社代表の座を降りて、後進に譲る「事業承継」が必然的に伴うということを忘れている人がいるのです。

　経営者にとっては、自分の退職金の算段をするよりも、いつ頃、誰を自分の後継者とするかという事業承継プランを練ることのほうが優先順位は高いでしょう。会社の存続には後継者が欠かせないからです。
　自分の子供を後継者にするのか、外部から迎え入れるのか。事業承継に当たって自社株はどうするのか、会社の借入金に対する連帯保証人の立場も承継させるのか、連帯保証を外してもらうよう金融機関と交渉するのか等々。

　役員退職金は、勇退後に生活の不安を抱えることなく、きれいに会社から足を洗うための手段です。退職金がないばかりに、いつまでも会社

にしがみついて報酬をもらい続け、後継者の仕事のやり方にいちいち口を挟む困った元経営者も少なくありません。このようなことになれば後継者の独り立ちを遅らせるだけでなく、経営感覚の古い元経営者が会社の害になってしまうかもしれません。

役員退職金は、事業承継を円滑にするための一手段なのです。

③「生涯現役」という発想

経営者の中には、生涯、経営者でいたい、と願っている人が少なくありません。なぜなら、経営者というのは強大な権力を持った存在だからです。要するに「王様」なのです。

「会社の経営者」としての立場だけでなく、自社株を持っていれば「会社の所有者」としての地位もありますし、家に帰れば生計を支える「家長」としての立場もあります。会社や家が、すべて自分中心で回っていると考えている方も少なくありません。

そのような人にとって、経営者の座を譲るということは、権力の一つを手放すことを意味します。自社株を後継者に生前贈与するということは、会社の所有者としての権力を弱めていくことを意味します。それまで自分中心に回っていた世の中から、一つ一つ権力が失われていくことになるのです。

「死ぬまで経営者でいたい」というのが経営者の偽らざる本音ではないでしょうか。

それにもかかわらず、実際をみると、70歳などの年齢で勇退して保険を解約、解約返戻金を原資として生存退職金とする提案が多いわけです。

経営者の気持ちを考えれば、生存時に受け取る退職金よりも、死亡時に死亡退職金として遺族が受け取り、事業承継や相続に関する諸問題を自分の死後にいっぺんに片づけられる提案のほうが受け入れやすいかもしれません。

　つまり、**生存退職金だけではなく、死亡退職金という引き出しも身につけておくことが大切**なのです。

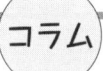

コラム

経済誌を読み、
経済番組を見よう

　経営者保険に強くなるには、貴方の行動様式を可能な限り経営者に近づけることが必要です。

　経済誌（エコノミスト・ダイヤモンド・東洋経済等）なども、保険特集をしているときには読んでいる人も多いかもしれませんが、経営者保険に取り組む貴方に必要なのは、むしろ保険以外の特集をしているときです。

　これらの経済誌は、経営者が関心のあるものを競って特集しています。経営者の関心事が毎号特集されているといっても過言ではないでしょう。ここで重要なのは、これらの関心事をどのように生命保険につなげるか、という「ブリッジ」です。

　例えば、経済誌で「マイナンバー」の特集が組まれた場合、マイナンバー自体は直接的に保険販売にはつながらないと感じられるかもしれません。しかし、マイナンバーは、従業員のマイナンバー管理、税金や社会保険の手続きに関して中小企業に多大な負荷をかけます。

　仮に、その企業がマイナンバーの管理を委託している税理士のところで、従業員のマイナンバーの漏えいが発生したとしたらどうでしょうか？　漏えいに関して従業員から賠償請求された場合にはどうなるので

しょうか？

　このように、一見、保険とは直接的に関係なさそうな特集であって
も、貴方が経営者の立場に立って読み込み、誰もが気づいていないリス
クをいち早く察知する、そして、それは保険でヘッジできないか、とい
う想像力のトレーニングを毎日行うことが大切です。

　また、中小企業といえども、海外との取引が普通に行われている昨今
です。1ドル何円なのか、ユーロはどうなのか。円高傾向か円安傾向
か。日経平均株価の推移はどうか。このようなことに無頓着では、経営
者の話相手は到底務まりません。
「今週は急激に円安になりましたが、御社での影響はいかがですか？」
「うちは輸出が主だから、円安は大歓迎だよ。このままのトレンドが続
いてくれれば今期はだいぶ増収増益になりそうだよ」
　といったくらいの会話ができなくては、経営者のパートナーにはなれ
っこありません。

　経営者が興味を持っていることは様々ですが、特に経済に関するテレ
ビ番組を見るように心がけてはいかがでしょうか。
　私がおすすめするのは、テレビ東京系のモーニングサテライト（月〜
金・5：45〜）、ガイアの夜明け（火・22：00〜）、カンブリア宮殿
（木・22：00〜）です。
　これらの番組では、一代で会社を大きくしてきたカリスマ経営者や、
斬新なビジネスモデルが紹介されたり、景気の見通しなどが解説されま
すので、経営者もよく見ているようです。

第4章

経営者保険に用いられる生命保険のポイント

■大切なのは経営者のニーズを満たした保険かどうか

　ここからは、経営者保険に用いられる主な保険商品について解説していきます。はじめに申し上げておきますが、それぞれの商品について、どれが優れているということはありません。

　貴方がその商品を提案するケースもあるでしょうし、経営者から「こういう保険に加入しているんだが…」と相談を受け、既加入保険として出くわすケースもあると思いますが、大切なのは、商品自体の良し悪しというより、**その商品が持つ特性を理解したうえで、その商品が経営者のニーズを満たしているかどうか**、ということなのです。

　また、契約当初はニーズに合っていたものの、その後の環境変化で徐々に合わなくなってくることもあります。

　我が国の生命保険は、いずれも厚生労働省の発表している「生命表」をベースに保険料を算出しています。40社以上ある生命保険会社のいずれもが同じ基準を参照して保険を開発しているのですから、保険料に多少の高い・安いは出ても、保険種類が同じであれば大差はありません。

　保険料や解約返戻率の１％にこだわるよりも、ニーズに合った生命保険に加入すること、契約後のメンテナンスをしっかりとしてくれる担当者から加入することのほうが、お客様にとってははるかに有意義な保険選択法と言えるでしょう。

1 終身保険のポイントと活用法

① 終身保険に関するよくある誤解

終身保険は、個人向けにも販売されている生命保険ですが、法人向けの場合、保険料の払い込み満了を勇退予定時期に合わせて設定していることが一般的です。この保険の**支払保険料は全額資産計上**となり、損金で落とせる部分はありません。そのため、**保険料支払時の法人税軽減という目的には活用できません**。

終身保険のような資産計上の保険でよく誤解があるのですが、損金算入の保険で節税ができることの裏返しとして、資産計上の保険は法人税が増える、と考えてしまう人がいます。

結論から言うと、**終身保険に加入しても法人税は増えません**。保険加入前と加入後では法人税の額に変わりはありません。

例えば、1億円の現金を持っている法人があり、この法人の今期の法人税が1,000万円だと仮定します。この法人が、1億円の現金のうち2,000万円を普通預金から定期預金に移し替えたとしましょう。これで法人税が増えると思いますか？

終身保険の資産計上は上記と同じ考え方です。年払2,000万円の終身保険に加入するということは、**その会社の現金の一部を終身保険という形にしているだけ**なのです。資産計上というのは、今持っている現金を違う形の資産にするということであって、貸借対照表の「資産の部」の合計額は変わらないのです。

一方で、現金は「流動資産」として扱われますが、資産計上の保険は「固定資産」となります。「固定資産」ということは土地や建物などと同じように扱われるということです。昨今の金融機関の融資評価では、必要以上に固定資産を持たないスリムな経営が評価される時代ですので、**資産計上の保険加入によって「流動資産が減って固定資産が増える」、という点については経営者の理解を得ておく必要があります。**

②相続対策での活用法

　全額資産計上の終身保険は、解約時に発生する益金が少ないので、損金性の保険と比較して、解約した時の見合い損金を探す苦労が少ないこと、勇退時に契約者を法人から経営者に名義変更し、退職金の「現物給付」として渡すことができる点で、ほかの保険と異なった提案の幅が広がります。

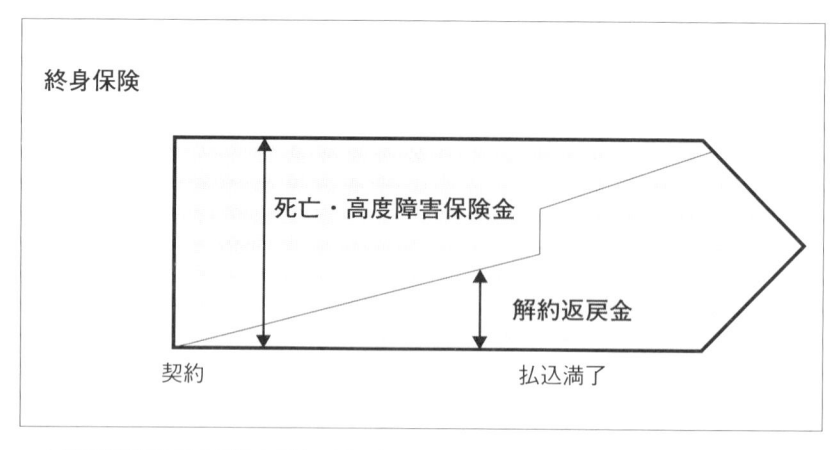

＊上記は低解約返戻金型終身保険の例です。

　中小企業経営者の多くは、自ら経営する会社の自社株の大部分を保有しています。自社株の評価は高額となりがちなので、事業承継・相続に支障をきたす例は少なくありません。具体的には、自社株を相続した後継者が、高額な相続税を課されて納税資金に窮するということです。

　このような場合に備えて、終身保険を勇退時に法人から個人に名義変更しておけば、この終身保険は経営者の個人契約の生命保険として扱われます。**保険金受取人を後継者にしておけば、経営者が亡くなったときに保険金が後継者に払われ、相続税の支払いの原資とすることができます。**

　ただ、ここで注意が必要なのは、法人から経営者への名義変更は、会社の資産が経営者個人に移転することであり、**むやみに行えば役員賞与と認定されてしまう可能性がある**ということです。

　そこで、この場合、**勇退時の退職金の一部として現物給付する**という考え方をします。現物給付の金額は、解約返戻金相当額となります。

　勇退時の解約返戻金が3,000万円の終身保険の場合、保険金額はたいていそれよりも大きい金額になります。仮に保険金額が5,000万円とすれば、現金で退職金を受け取るよりも2,000万円大きな効果が出ることになります。

　保険料支払時の法人税軽減という観点では長期平準定期保険や逓増定期保険に利がありますが、保険の持つ本来的な機能を活用するという点でいえば、オーナー企業の経営者には終身保険を提案するということがニーズに合うケースも少なくありません。

2 2019年7月改正を受けた定期保険等の税務

これまで、生命保険各社と国税庁の間で「イタチごっこ」となっていた経営者保険の保険料の税務をめぐる諸問題が2019年7月に法人税基本通達の改正により明確化されました。

従来は保険種類、保険期間などで保険料の税務処理が決められていましたが、**これからは、「最高解約返戻率」によって保険料の損金算入割合が決定されることになったのです。**

ここでは、定期保険、逓増定期保険等に共通する税務としてその概要を解説していきます。

1 最高解約返戻率に応じた損金編入割合

（1）最高解約返戻率50％以下

保険料は全額損金算入することが認められています。

（2）最高解約返戻率50％超70％以下

保険期間の前期4割期間について、保険料の60％が損金算入、40％が資産計上となります。保険期間の後期6割期間は全額損金算入となります。なお、保険期間の全体の75％を経過した後、4割期間で資産計上していた金額を均等に損金に算入して取り崩していきます。

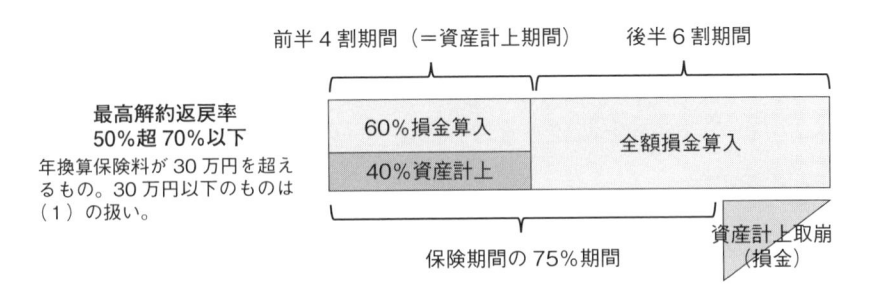

（３）最高解約返戻率70％超85％以下

保険期間の前期４割期間について、保険料の40％が損金算入、60％が資産計上となります。保険期間の後期６割期間は全額損金算入となります。なお、保険期間の全体の75％を経過した後、４割期間で資産計上していた金額を均等に損金に算入して取り崩していきます。

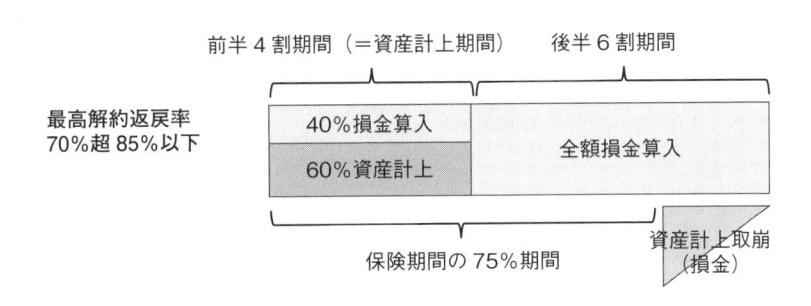

（４）最高解約返戻率85％超

保険期間の最初の10年間については、保険料×最高解約返戻率の90％が資産計上となり、残りは損金算入となります。また、10年経過後、最高解約返戻率となる期間までは保険料×最高解約返戻率の70％が資産計上となり、残りは損金算入となります。

なお、最高解約返戻率期間を経過した後は全額損金算入になることに加え、前期で資産計上した金額を均等に損金に算入して取り崩していき

ます。なお、最高解約返戻率85%超の場合は、最高解約返戻率に到達するまでを資産計上期間とします。（2）（3）の保険が保険期間の前半の４割を資産計上期間とするのに比べ、資産計上する期間が長いことが特徴です。

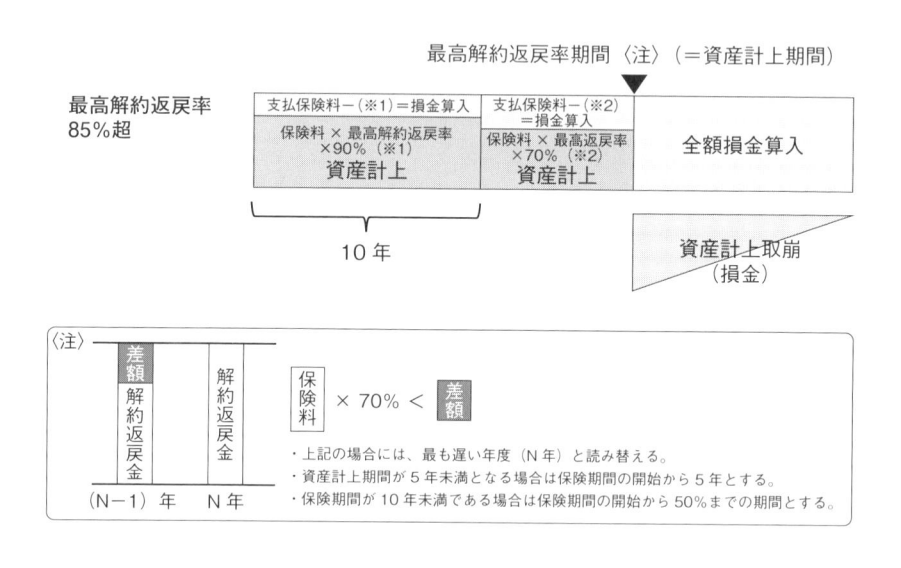

② 企業が本当に必要とする保険を提案できるチャンス

　ここまで見てきたように、最高解約返戻率が何％なのかで保険料の税務処理が決定されることから、数％の解約返戻率の差による不毛な競争や、生命保険本来が持つ機能を損なった歪な商品開発競争に終止符が打たれることになり、早晩、新税制に収斂した経営者保険が生命保険各社から出そろってくるでしょう。

　これまでの主役だった「全額損金算入」「解約返戻率85%超」の保険はほとんど損金算入できなくなったため、**決算対策と称して法人税を軽減する提案は難しくなる**でしょう。

このことをもってして、「経営者保険はもう提案できない」と嘆くセールスパーソンは多いと思いますが、むしろ、**これは大きなチャンスと捉えましょう**。なぜならば、これまでの経営者保険の多くは、大きく黒字が出ている一部の法人の決算対策として用いられてきたため、約６割以上の「欠損を計上している法人」に提案されることはありませんでした。

一方で、生命保険本来の持つ保障機能を求めるのであれば、保険期間10年の定期保険などが最も低廉な保険料で大きな保障を得られますので、**これからは保障ニーズを喚起できれば、欠損を計上している法人も含めて全ての法人に提案できることになります。**

決算対策の保険は、決算期末に年払いで大きな保険料を支払う特徴がありましたが、これからは決算対策ではないので無理に年払いで契約する必要も、決算期に慌てて検討することもなく、**年中いつでも提案することができます。**

さらに、決算対策となると、税理士が出てきて妨害されることも少なくありませんでしたが、決算対策ではなく企業が必要としている保障の提案なのですから税理士は登場してこなくなるでしょう。

税制改正により、これまでのような決算対策としての提案は事実上封じ込められましたが、むしろ、**保障をきちんと語り、企業に本当に必要な保険を提案できる人たちが生き残る**と思います。

ピンチはチャンス。チャンスに変えるかどうかは貴方次第です。

3 定期保険の ポイントと活用法
（2019年6月までに加入した既契約の場合）

　定期保険、逓増定期保険については、2019年7月の法人税基本通達9-3-5の改正により、前項でみたとおり、「最高解約返戻率」によって保険料の損金算入割合が定められました。ただし、すでに加入済みの保険の場合には改正前の税制が適用され、当面の間は両税務が併用されることになっていることから、以下2項目では、2019年6月以前に加入した定期保険、逓増定期保険について、その取扱いを示します。

① 「105ルール」を理解する

　この保険は個人で加入する定期保険と同じものですが、経営者保険の場合には保険期間の満了を99歳や100歳などと超長期に設定するケースが一般的です。

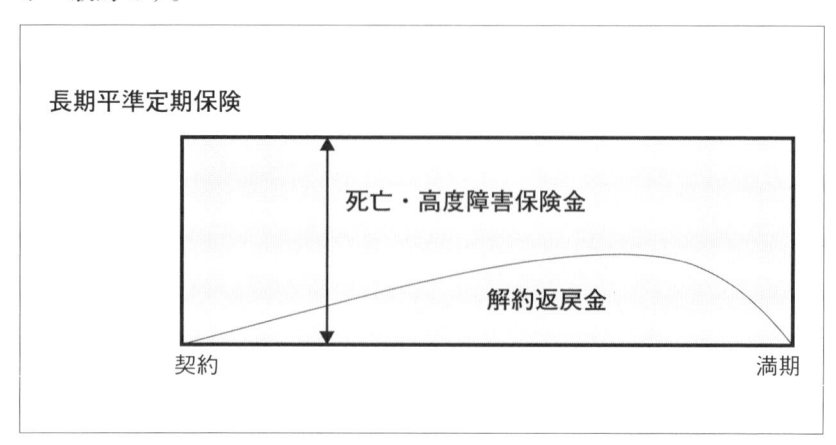

長期平準定期保険

死亡・高度障害保険金

解約返戻金

契約　　　　　　　　　　　　　　　　満期

終身保険は、支払った保険料全額が「資産計上」されるのに対して、**定期保険は保険料の全部または一部を損金算入することが認められています**。保険期間が10年など短い定期保険は、原則として「全額損金算入」です。**単純に一定期間の保障を得たければ、このような形での契約が最も保険料が安く合理的と言えます。**

なお、**定期保険の保険期間が一定以上になると「長期平準定期保険」に該当し、「全額損金算入」ができなくなるので注意が必要です。**

定期保険が、どこから「長期平準定期保険」になるかについては、税法に以下の定めがあります。

①保険期間満了の時における被保険者の年齢が70歳を超え、かつ、
②当該保険に加入した時における被保険者の年齢に保険期間の2倍に相当する数を加えた数が105を超えるもの

これは、いわゆる **「105ルール」** と言われているものですが、保険期間満了時の年齢が70歳を超えている場合の定期保険について、②の計算が105までの契約形態の定期保険は「全額損金」、106以上のものは長期平準定期保険に該当するため、「1／2損金算入・1／2資産計上」とすることが定められています。

厳密にいうと、保険期間の前期6割期間について「1／2損金算入・1／2資産計上」となり、後期4割期間は「全額損金算入＋資産計上累計額の均等取り崩し」となります。

例えば、45歳の経営者が80歳満了の定期保険に加入する場合、満了年齢が70歳を超えていることに加え、「加入時の被保険者年齢45歳＋保険期間35年×2」は115となりますので、長期平準定期保険の要件を満

たしているため、この場合の定期保険の保険料は「1／2損金算入・1／2資産計上」として扱うことになります。

　保険期間の前期6割というと保険期間35年のはじめの6割、つまり21年間です。この21年間については「1／2損金・1／2資産」として処理し、22年目からは「全額損金」に加えて、前期の6割期間に資産として計上した額を、後期の14年で均等に取り崩す、つまり資産を損金に入れて償却していくことになります。

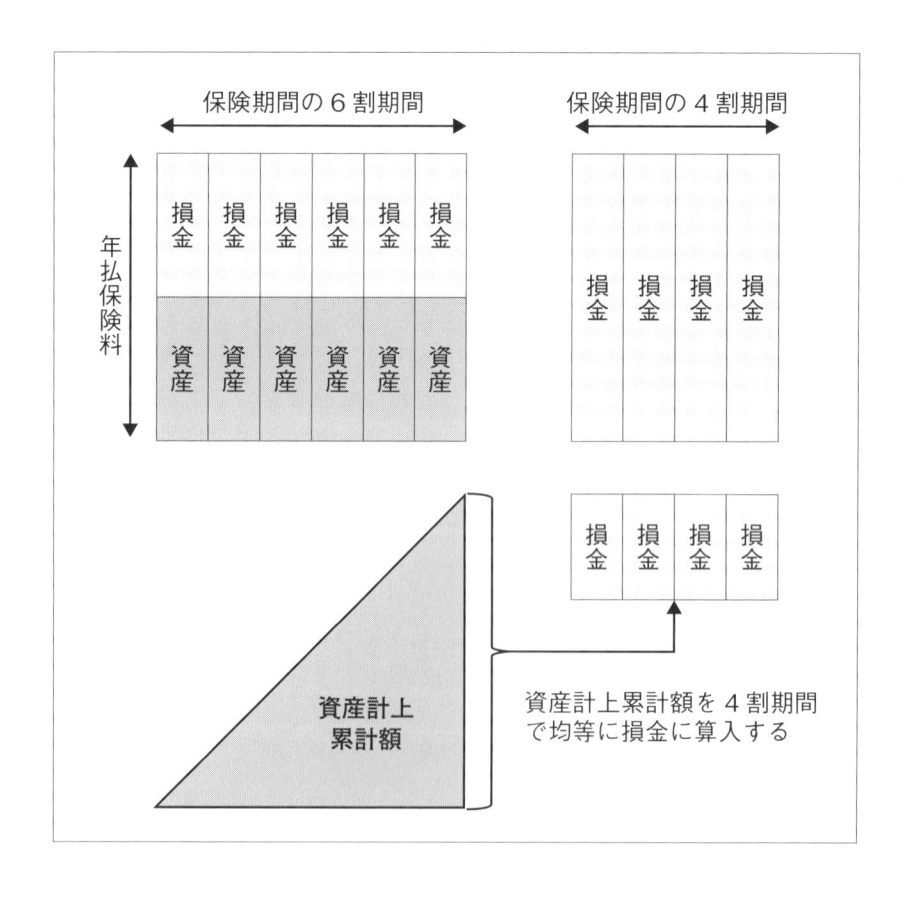

　つまり、長期平準定期保険の場合は、前期の6割期間は「1／2損

金・１／２資産計上」となっていますが、後期４割期間は「全額損金算入＋資産計上の取り崩し」のため、保険期間満了時まで保険料を支払うとすれば、支払った保険料の全額が損金算入となります。

しかし、定期保険は満了時まで支払うと解約返戻金がゼロになりますので、通常はその前に解約するなどして解約返戻金を受け取るのが一般的です。

一方で、45歳の経営者が75歳満了の定期保険に加入する場合、満了年齢は70歳を超えますが、加入時の被保険者年齢45歳＋保険期間30年×２は105となります。この数値が105までのものは「全額損金算入」が可能ということになります。

②保険期間が長くなるほど解約返戻金は大きくなる

もう１点、定期保険で押さえておいていただきたいのは、**定期保険は保険期間が長くなるほど解約返戻金が大きくなる**、という特徴を持っていることです。

定期保険に解約返戻金が発生する仕組みをおさらいしておきましょう。

例えば、40歳の方が90歳まで定期保険に加入することは、保険期間１年の定期保険を50年分契約することと同義です。しかし、保険期間１年の定期保険であれば、年齢とともに毎年保険料が変更になります。これではお客様も保険会社も大変です。そこで、50年分の平均的な保険料を定めて、それを収納することになります。

契約直後は実際の年齢に比べて高い保険料を払うことになり、徐々に年齢相応の保険料に近づき、保険期間の満期時には年齢よりも安い保険料を払うことで保険期間全体の帳尻を合わせるのです。

保険期間1年の定期保険は、年齢が高くなるほど保険料が高くなっていきます。つまり、80歳・90歳・100歳という年齢が全体の中に含まれていれば、その部分の保険料が全体の平均保険料を引き上げると同時に、保険会社から見ると、もらいすぎとなっている保険料が大きくなります。前半のもらいすぎている保険料が解約返戻金の原資となるわけですので、長期定期保険は保険期間が長くなるほど解約返戻金は大きくなるのです。

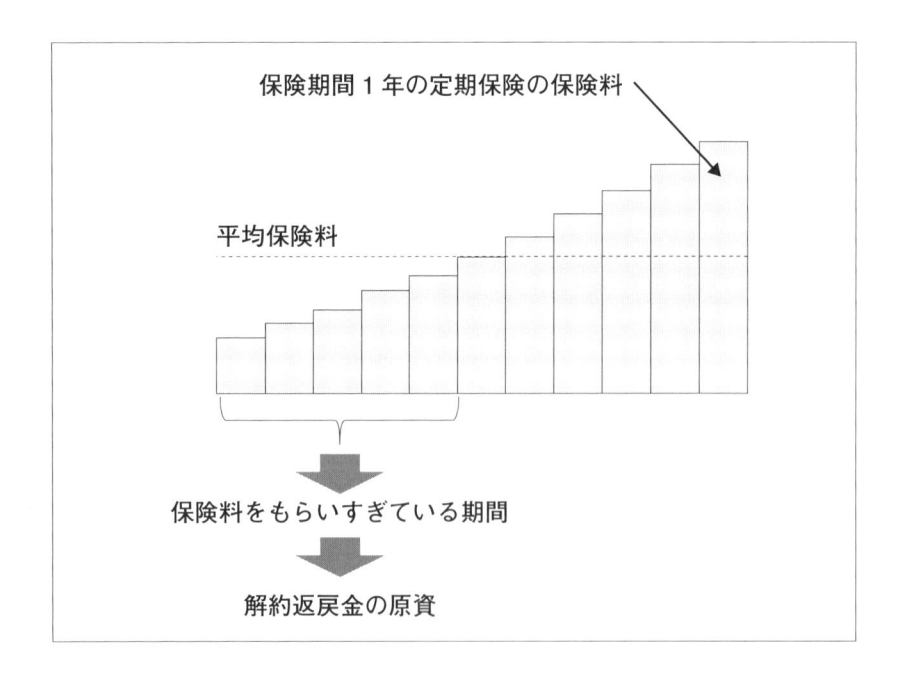

③解約返戻率が最大となる保険期間を提案する

　これまで見てきたように定期保険には、**①105ルールで税制上の取り扱いが異なる、②保険期間が長いほど解約返戻率が高い**、という2つ

のポイントがあります。

　例えば、現在48歳の経営者が全額損金の定期保険に加入する際、最も解約返戻率を高めようと考えるならば、105ルールに照らして最長保険期間を計算すればよいのです。

　具体的には、

> 48歳＋Ｘ年×２＝105

と考えることができますので、Ｘ＝（105－48）÷２＝28.5年となります。

　この場合、29年だと105を超えてしまいますので、正解は28年です。つまり、48歳の経営者が76歳満了の定期保険に加入すれば、保険料は全額損金で、かつ、解約返戻金も最大とすることができます。

　また、経営者に既加入保険があって、その保険が85歳満了の定期保険だったとします。85歳満了ということは、65歳の経営者ならば、

> 65歳＋20年×２＝105

となりますので全額損金になりますが、65歳未満の経営者ならば長期平準定期保険に該当して「１／２損金・１／２資産」となる保険です。

　現在では99歳・100歳といった超長期の定期保険がたくさん販売されています。同じ１／２損金の扱いとなるならば、保険期間をもっと伸ばせばそれだけ解約返戻金は大きくなります。その点で考えると、**85歳満了の定期保険は少々、中途半端**であるといえます。

　このようなケースは時々見られるものなのですが、その保険をすすめ

たのが、生命保険の仕組みをあまり理解していない顧問税理士だったり
するケースがあります。顧問税理士が「このままだと法人税が大きくな
るので節税の保険にでも加入してはどうか？」というアドバイスをして
いるわけです。そこで保険に詳しくない税理士だと、「まあ、いくらな
んでも80歳には勇退しているでしょうから、保障は85歳くらいまでで
いいでしょう」といった具合になりがちなのです。

　おそらく、その保険会社にも99歳や100歳満了の定期保険はあること
でしょう。しかし、間に入っている税理士が「それでいい」となれば、
取扱者や保険会社としてはどうしようもありません。こうして、85歳
満了などの定期保険契約が締結されているのです。

「税理士の紹介で、すでに退職金のための生命保険に加入している」と
言われても、ひるむ必要はありません。ありがちな話として、「生命保
険の仕組みをご理解されていない税理士にすすめられたばかりに、**もっ
と大きな退職金を受け取れるチャンスを逃している残念なケースがある**
のです」と切り返してみましょう。

逓増定期保険の ポイントと活用法
（2019年６月までに加入した既契約の場合）

１ 細かく分かれた損金算入割合

　この保険は、契約当初の保険金額は小さいが、契約年数に応じて徐々に保険金額が大きくなる（逓増する）タイプの定期保険です。先の長期定期保険に比べると、**解約返戻金が大きくなる時期が比較的早く、10年以内の資金使途が明確にある場合に提案されるケースが多くなります。**

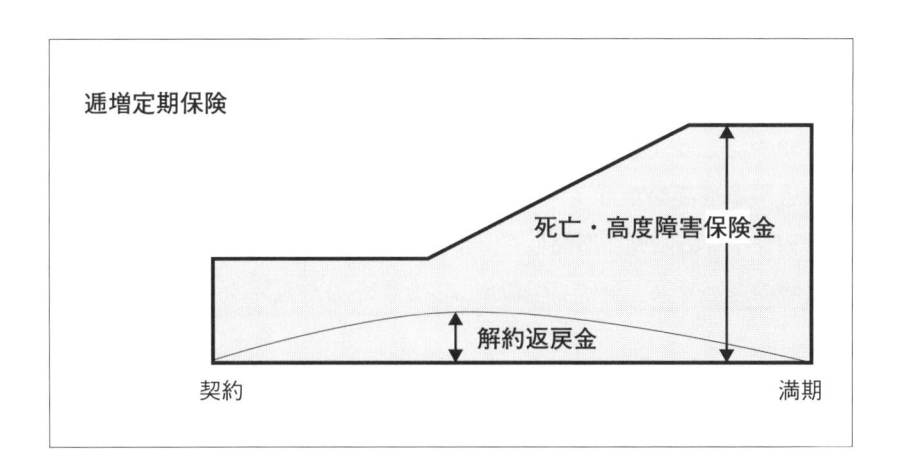

　逓増定期保険は、被保険者の年齢、保険期間によって、全額損金から１／４損金まで、細かく分類されています（次ページの図表参照）。
　表には出ていませんが、保険期間満了時の被保険者年齢が45歳以下

逓増定期保険の損金算入割合

範囲	当初６割期間の税務	後半４割期間の税務
保険期間満了時の被保険者年齢が45歳超	１／２損金算入 １／２資産計上	支払い保険料の全額を損金算入にするとともに、それまでの資産計上累計を期間の経過に応じて取崩し、損金算入
保険期間満了時の被保険者年齢が70歳超、かつ被保険者の契約時年齢＋保険期間の２倍が95歳超	１／３損金算入 ２／３資産計上	
保険期間満了時の被保険者年齢が80歳超、かつ被保険者の契約時年齢＋保険期間の２倍が120歳超	１／４損金算入 ３／４資産計上	

であれば、この表の適用を受けないので全額損金算入も可能ということになります。通常、逓増定期保険の保険期間は10年以上ですので、全額損金算入で逓増定期保険に加入したいとなると、契約時の年齢は逆算すると35歳までということになります。

　この保険の保険料は、長期平準定期保険と同様、前期６割期間は「１／２損金算入・１／２資産計上（後期４割期間は全額損金＋資産計上累計額の均等取り崩し）」で販売されることが多いですが、最近では、**解約返戻率を高めた「１／３損金算入・２／３資産計上」となるような契約タイプの販売が増加しています。**損金ニーズの低い法人が、単純な保険の運用効果を狙って契約することがあるからです。

② 「利益繰り延べ」という表現は誤り

　経営者保険では、何と言ってもこの保険が多く登場してきます。保険料の２分の１が損金に算入できるにもかかわらず、早いものでは契約後２年目くらいから解約返戻金が大きく立ち上がり、契約後５年目には支払保険料の95％程度が解約返戻金になります。

　業績のいい時期に、逓増定期保険で損金算入して法人所得を圧縮し、法人税を引き下げる。そして、業績が厳しくなった時に逓増定期保険を解約して、解約返戻金を益金として算入する。会社にとってみれば、法人所得の調整弁として使うことができるのです。

　セールスパーソンの多くは、この仕組みを「利益の繰り延べ」と表現しています。
　しかし、日本の税法では、「利益の繰り延べ」は認められていません。今年生じた所得に対する税金を、今年払わずに来年以降に持ち越し、来年以降の損失と相殺する、ということは許されていないのです。
　逆に、「損失の繰り延べ」は認められています。例えば、今年、株式投資で失敗して損失を出してしまった場合、今年の株式投資の利益で相殺できなかった分は、翌年以降の利益と相殺することができます。

　この根本的な部分を理解せずに経営者保険を取り扱っている人が多いのは嘆かわしいことです。このようなセールスパーソンが取り扱った会社に税務調査が入れば、経営者は何のためらいもなく「この保険は利益の繰り延べのために加入しました」と答えるでしょう。
　そこで、税務調査官はすかさず言います。「この保険は『利益を繰り延べ』るために加入されたんですね？　我が国の税法では利益の繰り延べは認められていません。そういう行為を『租税回避行為』といいます」
　そして、当該契約に係わる損金算入を否認し、法人税の追徴課税をすることでしょう。

③ 解約時の益金算入を考えておく

また、最近の逓増定期保険は、商品開発競争の結果、解約返戻率のピークが徐々に前倒しになってきました。契約後 5 年目くらいには解約返戻率がピークに達し、その段階で解約しなければ、解約返戻率が徐々に下がっていきます。

そこで 5 年目に解約をするわけですが、前述のとおり、損金算入する保険は、「解約返戻金－資産計上累計額」が益金となります。会社として使う予定がなくても、そこで解約しなければ解約返戻率は低下していきますので、やむを得ず解約することになります。そうなると、その保険の解約で発生した益金はどうすればいいのでしょうか？

そのまま決算を迎えれば、黒字の会社の黒字がますます増えて法人税が増加します。これまで節税した分を一気にそこで吐き出すようなものです。いくら保険料を支払って節税ができても、解約した時に課税されるのでは意味がありません。

このように、**経営者保険、特に損金算入される保険の場合には、解約時の益金算入を考えておかなければなりません。**そこで、「役員退職金の支払い」などの「見合い損金」を建てる事由がなければ、それまで節税した分は出口で課税されるだけです。

この保険を見かけることがあったら、「加入目的」を確認しましょう。「5 年後の会長の退職金積み立て」など目的が明確になっていればともかく、単純に決算対策で加入した場合には、数年後には解約返戻金のピークが訪れ、出口で慌てることになります。

5 福利厚生型養老保険の
（1／2養老・ハーフタックスプラン）
ポイントと活用法

①保険料が福利厚生費として損金になる条件は…

　この保険は、養老保険を活用し、以下の契約形態で「全員加入」した場合、保険料の2分の1が福利厚生費（損金）、2分の1が資産計上となります（法人税基本通達9-3-4、9-3-6の2）。満期保険金を従業員の生存退職金原資とすることができ、満期までに万一のことがあった際には死亡保険金を死亡退職金原資とすることができます。

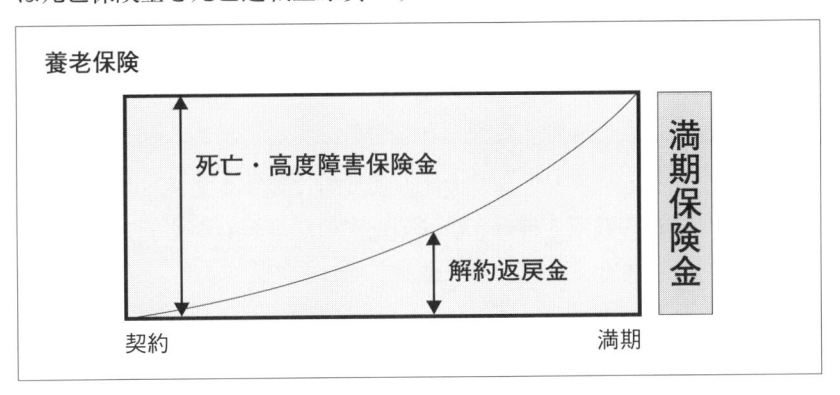

```
契約者：法人
被保険者：役員・従業員（全員）
満期保険金受取人：法人
死亡保険金受取人：役員・従業員の遺族
```

このプランは、法人税基本通達により、**役員・従業員全員が加入することで福利厚生費として保険料の損金算入が認められています**。福利厚生費とは、社員旅行費用や健康診断受診料などの、役員・従業員の全員を対象とした福利厚生目的の支出のことです。このような支出は、本来的に会社の業務運営に必要な費用として損金算入が認められています。

ただし、ここで一つ注意が必要となります。

例えば社員旅行で、従業員の大半が欠席して、結果的に一部の社員しか行かないような場合、それでも福利厚生費と言えるか、ということです。

国税庁のホームページには社内旅行が福利厚生費に該当するか否かについて、以下のような基準が示されています。

従業員レクリエーション旅行の場合は、その旅行によって従業員に供与する経済的利益の額が少額の現物給与は強いて課税しないという少額不追及の趣旨を逸脱しないものであると認められ、かつ、その旅行が次のいずれの要件も満たすものであるときは、原則として、その旅行の費用を旅行に参加した人の給与としなくてもよいことになっています。

（1）　旅行の期間が4泊5日以内であること。

　　　海外旅行の場合には、外国での滞在日数が4泊5日以内であること。

（2）　旅行に参加した人数が全体の人数の50％以上であること。

　　　工場や支店ごとに行う旅行は、それぞれの職場ごとの人数の50％以上が参加することが必要です。

つまり、福利厚生というからには、**従業員全体が対象となり、大半の**

社員が参加してはじめて福利厚生費という名目で損金算入が認められるのです。

また、**一人あたりの旅行費用については数万円程度というのが通説で**す。

このように、福利厚生費は損金になる点で活用したい費用ですが、認められるためには一定の条件を満たさなければなりません。

この観点で養老保険を考えたとき、従業員の大半が対象となっていることが最低限の条件となりますが、次のようなケースは福利厚生費となるでしょうか？

> ケース1　男性のみを被保険者とした場合
> ケース2　管理職のみを被保険者とした場合
> ケース3　入社3年目以上の社員を被保険者とした場合

ケース1は被保険者とするかの判断基準が性別のみです。女性であるということだけで被保険者としない、ということです。これは福利厚生費と言えるでしょうか？　このような基準は「差別的取扱」とみなされ、福利厚生費とすることはできません。

ケース2は被保険者となるのは管理職のみです。管理職は全体の従業員の一部ですから、これも福利厚生というには無理があるでしょう。そもそも、全員が管理職となれるわけではありません。

ケース3は入社3年目以上の社員は男女問わず、管理職かどうかを問わず被保険者となれます。一定の基準を超えれば誰にでもその機会が均等に与えられているような場合には、被保険者を一定の範囲内に定め

ることが可能です。このような基準を**「普遍的基準」**といって、養老保険の被保険者の範囲をどこまでにするかということに活用されています。

「普遍的基準」というのは、外部から見てもその基準が客観的にわかるもので、性別や役職など本人の努力ではどうにもならない基準を使うこと（差別的な取り扱い）がないことが条件です。

その意味では、このプランの保険料を福利厚生費として処理するためには、**福利厚生費という観点で問題がない被保険者選定になっているかがポイント**になります。

②メンテナンス、保険金額に注意

また、この保険にはもう一つのチェックポイントがあります。それは、**毎年きちんとメンテナンスが行われているか**、ということです。

このプランに加入した後、新入社員や退職した社員の保険の追加・解約をせずにメンテナンスが行われていないケースがあります。このような場合、税務調査等で全員付保と認められなければ、損金が否認され、過去にさかのぼって追徴課税されるケースがあります。

現実的にはどうなのか。私が経験した中では、多くのケースでメンテナンスが行われていませんでした。セールスパーソンは保険の契約、経営者は保険料の1／2を福利厚生費として損金算入すること（＝節税）が目的であり、本当の意味での従業員の福利厚生を考えて契約していないからです。

こうなってしまえば、このプランは「従業員の身体」を使った単なる節税手法に過ぎなくなります。

　さらに、**保険金額にも注意**しましょう。多くのプランでは、全員一律500万円、1,000万円等、告知書扱で契約できる程度の金額で付保されていますが、中には3,000万円、5,000万円という「退職金としては異常に高額な」金額で契約されている場合があります。

　保険金額を大きくすればその分保険料もかさみ、ひいては節税額も大きくなるわけです。節税だけを目的にしていると、保険金額を大きくしようということになってしまいます。

　過去には、**高額すぎる保険金額が原因で税務署から損金を否認されている事例があります。**従業員の退職金積立を目的とした保険であるということを忘れずに、理性的な提案を行うように心がけましょう。

6 定期保険特約付き 終身保険の活用の注意点

①定期保険特約の期間を確認する

この保険は、終身保険に定期保険特約がセットされており、一般的に**終身保険部分は「資産計上」、定期保険部分は「損金算入」**となっています。

この保険のチェックポイントとしては、まず、**高額な保障の定期保険特約が65歳や70歳前後で切れてしまうことがないか**、という点です。

経営者が勇退する前に高額な保障が亡くなってしまえば、事業保障資金に影響が出かねません。ですから、定期保険特約部分と終身保険部分の保障額と保険期間を確認します。

例えば、終身保険1,000万円、定期保険特約部分が9,000万円で合計1億円の保障の場合、9,000万円の保障は、**経営者が想定している勇退時期を十分にカバーしているか**、という見方になります。

特に中小企業経営者の勇退時期は、その時の経営状態や後継者の育成状況により前後することがありますので、70歳勇退と考えていても必ずしもそこで勇退できるとは限りません。

②定期部分の解約返戻金にも注目

さらに、定期保険特約部分の解約返戻金にも注目しましょう。超長期定期保険と同様に、保険期間70歳や80歳の定期保険特約部分にも解約返戻金があります。しかし、定期保険の解約返戻金は、保険の中途で解約した場合に限り発生するので、満期時には解約返戻金はゼロとなります。

つまり、大きな金額を払い続けていても、**定期保険特約部分に関しては単に死亡保障を得るためであり、解約返戻金を積み立てる目的にはなっていない**、ということなのです。

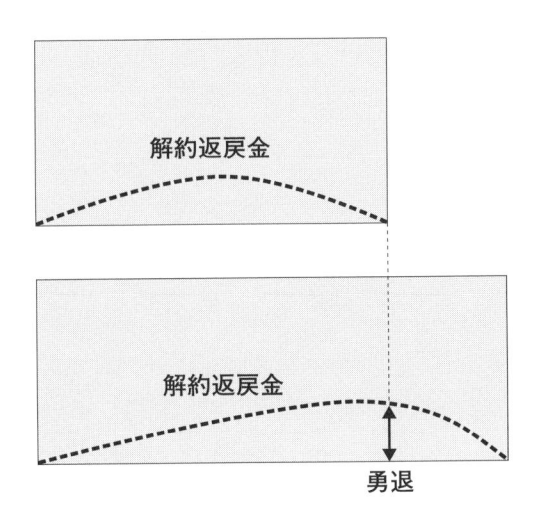

もちろん、解約返戻金が目的ではなく、単純に保障を得るための保険

であれば、不必要に保険期間を延ばすことはありませんし、保険料が割高な終身保険を組み合わせておくこともいりません。すべて定期保険にし、勇退予定年齢をカバーできるようにしておけばよいのですから。

　大切なのは、経営者が生命保険の仕組みを理解したうえでこの保険を選択しているのかどうか、ということです。

7 がん保険の ポイントと注意点

１多くの企業が採用しているのは「節税型」

法人のがん保険には、次の２つの契約形態があります。

【福利厚生型】

契約者：法人

被保険者：役員・従業員（全員）

給付金受取人：役員・従業員

【節税型】

契約者：法人

被保険者：役員・従業員（全員）

給付金受取人：法人

福利厚生型の契約形態は、役員・従業員の全員を対象としており、給付金受取人も役員・従業員ですから、会社は役員・従業員の福利厚生のためにがん保険を掛けている、ということになります。

このような契約形態は、本来であれば役員・従業員に対する給与として払っている形態ですが、会社は「福利厚生費」として損金算入しますので、役員・従業員個人への給与所得としての課税はありません。

ただし、全員ではなく、一部の役職員を対象にしていれば、前述のとおり福利厚生としての役割を果たしていませんので、その役職員に対する給与、として取り扱われます。この注意点については、福利厚生型養老保険の項を参照してください。

一方、多くの企業で採用されているのが「節税型」のがん保険です。このタイプの契約は、以前は所定の要件で保険料を全額損金処理することが認められていましたが、平成24年4月27日以後に契約するものから、当初5割期間については「1／2損金・1／2資産」に税務の取扱いが変更になりました。

　被保険者である役員・従業員ががんと診断された場合や、がんで入院した場合には、高額な給付金が「会社」に支払われます。つまり、役員・従業員ががんになることで、会社が利得を得る、という仕組みです。

　損金で落とす保険は、受取時に益金になります。受け取った給付金をそのままにしておくと、結局、益金として計上して法人税が課せられることになります。ですから、この給付金を「見舞金規程」を根拠にして役員・従業員に給付しよう、ということになります。しかし、**その支払いは、以下で述べるとおり、見舞金とはみなされずに「賞与」となる可能性があります。**

②注意すべき税務上のリスク

　会社が従業員に支払う見舞金は、支払う際には全額損金、受け取る従業員は非課税となります。しかし、ここで注意が必要なのは、**税務上でいう見舞金とは、あくまで社会通念上の見舞金を指す**ということです。

　貴方は、親しい友人が病気で入院した際に、お見舞いとしていくらを包みますか？　1万円か3万円か、どんなに多くても5万円は超えないでしょう。いいところ5万円以内。会社が従業員に払うということを加味しても10万円というところが上限ではないでしょうか？　それが、社会通念というものです。

　一方、従業員ががんと診断されて100万円、１日入院して１万円として、２週間も入院すれば114万円の給付金が会社に支払われます。受け取った会社はそのお金をどうするのでしょうか？　114万円を見舞金として支払えば、相当に高額な見舞金ということになります。

　税務署も、その金額は見舞金としては大きすぎませんか？　と疑問を呈するでしょう。どんなに頑張っても、見舞金は10万円。残りの104万円は、その役員・従業員に対する賞与、という判断をしてもおかしくありません。

　賞与となれば、受け取る従業員の所得税・住民税・社会保険料等の負担がアップします。なお、役員の場合にも同じ問題点があることに加え、役員賞与として会社が支払った場合には損金算入することができません（見舞金を支払うには「慶弔規程等」の有無も重要です）。

　税務調査を恐れて、見舞金は10万円だけ、とした場合はどうでしょうか？　差額の104万円は、会社の益金に算入されます（全額損金の場合。１／２損金であれば資産計上額を差し引いた分だけが益金になります）。

　従業員ががんに罹患したことで、会社が利得を得るのです。貴方がその従業員だったらどう思いますか？　しかも、貴方は、その契約の申込書に「被保険者」として自署し、告知書も記入しています。貴方は、会社が自分に対して保険を掛けたことを知っています。貴方ががんという病気に直面しているにも関わらず、会社は貴方の身体を利用して利得を得ているのです。これが、「福利厚生」と言えるのでしょうか？

　このプランを契約している経営者の中には、「この保険は節税が目的

であって、保障を得ることは考えていない。だから、従業員ががんになっても保険会社には請求するつもりはない」などと公言する人がいます。貴方はそのような言葉を聞いてどう思いますか？

　また、「従業員ががんになったら、給付金請求する前に、給付金受取人を従業員に変更すれば税務上のリスクを逃れられる」ということを指南している保険セールスも存在します。果たしてそんなにうまくいくのでしょうか？

　どこの保険会社でも、給付金請求の際には医師の診断書を徴求します。支払査定部門は診断書の「初診日」「診断確定日」を見ます。その日付が、給付金受取人変更の前にあれば、税務上のリスクを逃れるために給付金受取人変更をしていることは明白です。ただし、保険会社は税務上のことについてはノータッチですからスルーするかもしれません。

　では、税務調査が入った場合はどうですか？　従業員のがん保険のうち、一人だけ受取人が従業員本人なのです。これは、どういう合理的な理由があるのですか？　となるはずです。

　合理的な理由など、あるはずがありません。単に税逃れですから。

　なお、養老保険のハーフタックスプラン同様に、被保険者が従業員の場合、あくまで勤務しているから被保険者とすることできるのであって、退職した際には解約するなどのメンテナンスが不可欠です。また、若年層に比べて高年層の解約返戻率が低いなど、被保険者の年齢構成によっても解約返戻率が異なっています。
「福利厚生」をうたっていますが、がん保険ゆえにがん以外の保障はなく、それが**本質的に福利厚生と言えるか**、という問題もあることに留意してください。

8 総合福祉団体定期保険の現状と限界

①手続きが簡便で普及率は40％を超えるが…

　総合福祉団体定期保険は、企業が役員・従業員の万が一の際に「死亡退職金・弔慰金」を支払う財源とするための１年更新の団体専用の定期保険です。

　１年掛捨ての定期保険で保険料が安く、会社が一括告知を行うため手続きが簡便で、その普及率は全体で43.2％、従業員５〜29人の企業でも38％、従業員300人以上の企業では60％を超えます（生命保険文化センター調べ）。死亡保険金の受取人は会社（弔慰金等として遺族に支払う前提）または従業員の遺族直接のいずれかが選択できます。

　この保険は、勤続期間中の死亡退職金・弔慰金を支払うために契約されています。労働災害だけでなく、私傷病までカバーされているため、保障範囲が広いこともメリットです。会社としても、節税などを企図して契約するケースはほとんどなく、**純粋に従業員のために掛けておこうという発想で、福利厚生の一つとして契約されています。**

　しかし、企業と従業員を取り巻く最近の状況を考えてください。

　最近では、過重労働・異常残業・残業代不払いといった労働問題が多数発生しています。また、セクハラ・パワハラ、これらに伴う精神疾

患・長期休業も増加しています。最悪のケースとして、精神疾患によって自殺をする従業員も後を絶ちません。

　国も、このような状況に対して「精神疾患による自殺」を労災と認める事案が増えてきました。労災となれば、国の労災保険の適用を受けることはもちろん、遺族は使用者（会社）側の責任を問うことができます。国が「労働災害」であると認定しているのですから、企業は労働災害を起こさないような環境整備をする義務を怠った、ということになるのです。

　そのため、従業員の遺族から勤務先企業への損害賠償請求が起こされることが増加してきました。この損害賠償請求は、従業員が定年まで働いたら得られたであろう賃金をベースにされますので、数千万円に上る高額なものになります。**このような損害賠償請求を起こされたら、その企業には「賠償する原資」はあるのでしょうか？**

　契約している総合福祉団体定期保険は、せいぜい、一人数百万円です。なぜならば、目的があくまで「弔慰金」だからです。多くの企業は、このような「賠償する原資」までを検討して保険契約をしていません。例えば、一人数千万円の契約をするとなれば、いくら1年掛け捨ての定期保険であっても企業側の負担は今の数十倍にも膨らみ、とても制度を維持することはできないでしょう。

　つまり、昨今の企業と従業員の関係は、昔のような家族的なものとは程遠く、企業側に落ち度があれば簡単に従業員やその遺族から賠償請求を起こされる時代なのです。

②会社が訴えられる時代にはマッチしてしない

　総合福祉団体定期保険は、会社が従業員を想って契約する保険です。この思想は、古き良き時代の会社と従業員の関係をベースとしています。しかし、昨今のように、国が精神疾患を労災と認め、従業員やその遺族が会社の責任を追及する時代にはマッチしていないといえるでしょう。

　会社が備えるべきは、福利厚生としての弔慰金ではなく、従業員や遺族から訴えられても対応できる原資の準備なのです。

9 医療保険の ポイントと活用法

① 「見舞金」ではなく「企業の所得補償」に

中小企業において、もっとも売上を上げているのは「経営者」そのものと言えるでしょう。経営者の才覚・センス・人脈が販売先を広げ、経営者の長年の信用力によって金融機関から融資を受けています。

このような企業で、経営者が長期入院するなどして不在になれば、営業力が落ちてしまい、一時的に売上が減少することがあります。売上が落ち込んでも、人件費や家賃等の固定費は基本的に変わりませんので、その分、会社の資金繰りが厳しくなる可能性があります。

そのようなときに、経営者の入院によって、経営者本人ではなく、会社そのものが保険金・給付金を受け取る仕組みがあれば、**落ち込んだ売上を補填する「企業の所得補償」として機能**します。

生保業界では、長らく、「法人契約の入院特約・医療保険」はタブーとされてきました。その理由は、**会社に支払われた入院給付金を「見舞金」として経営者個人に支払おうとする際に税務上の問題がある**からです。

見舞金は、「がん保険」のところで述べたように3万〜5万円程度と

考えられており、例えば病気の治療で１か月入院すると、入院１日につき１万円の医療保険として、入院給付金の合計は30万円となります。これを見舞金としてそのまま支払うとすると、見舞金としては高額すぎる、と判断される可能性があります。

そうなると、「役員賞与」と認定されてしまい、「会社としては給付金が入ってくることで益金が立つが、見舞金として損金処理できない」ことに加え、「役員個人の所得が増えて所得税・住民税が課税される」ことになります。

従来は、このような理由から、医療の備えは個人契約ですべし、と言われてきたのです。

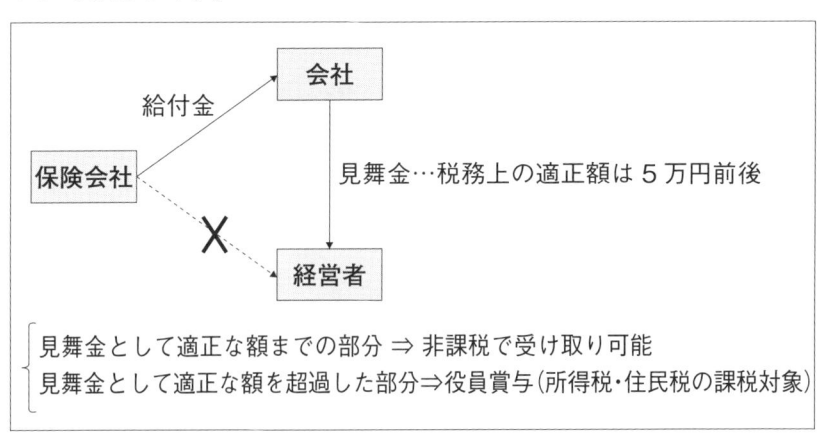

しかし、ここで発想を変えて、経営者が入院したことで落ち込んだ売上を補てんする、という考え方に立ってみてはどうでしょうか？　つまり、**経営者の入院による入院給付金等を、見舞金としては払い出さずに、そのまま会社に留めておく**のです。

これを従業員の身体を使って行えば、従業員からの非難を受けるでしょう。「従業員が入院したことで会社が利得を得ている」という構図に

なるからです。

　しかし、被保険者が経営者自身であれば、そのようなことは誰からも非難されないでしょう。むしろ、何の備えもせずに経営者が長期入院してしまうほうが無責任と言えるでしょう。

②法人契約・個人契約を使い分ける

　一方、法人契約でなく、個人契約で医療保険に加入しておけば、入院に伴う給付金等は、「身体の障害に起因して受け取る給付金」となって非課税で受け取ることができます。**医療の備えとして必要な分は、やはり、経営者が個人契約しておくことをおすすめします。**

　個人としての保障は個人保険で、法人の売上減少には法人契約で、というように使い分けて提案することで、医療保険を法人・個人の双方からご契約いただくことが可能になります。

③2019年7月改正における留意点

　法人契約の医療保険では、本稿で取り上げた提案以外に、終身タイプの医療保険を5年などのごく短期の払込期間で全額損金算入し、払込終了後に経営者個人に名義変更する「名変プラン」がありました。これにより経営者は、個人の負担なく、払込が終了した終身の医療保険を手にすることができましたが、2019年7月の改正により、一保険者で年額30万円を超える保険料となった場合には、全額損金算入が認められなくなりました。

租税回避行為

税負担を減少させる行為には以下の 3 種類があります。

> ・**節税**＝税法の想定する範囲で税負担を減少させる行為
> ・**租税回避行為**＝法の想定外の「合理的理由のない異常な形式」
> 　を利用して税負担を減少させる行為
> ・**脱税**＝偽りその他不正な行為により納税を免れる（犯罪）行為

　節税は○、脱税は×ですが、その中間の「租税回避行為」というのが少々わかりにくいかもしれません。「租税回避行為」というのは、税法上は適法だが、税負担を減少させるためだけに契約を締結するような事例を指し、この行為か否かを判断するのは所轄の税務署です。

　経営者保険をご提案する際には、この「租税回避行為」とならないように注意する必要があります。

　例えば、法人が従業員に生命保険を付保する例を考えて見ましょう。

　法人が役員・従業員を被保険者にして生命保険契約することは認められています。また、その金額も、生命保険会社の引受金額の範囲であれば、いくらでも契約可能です。契約したのが定期保険であれば、所定の要件にしたがって支払保険料を損金算入することもできます。

　しかし、この被保険者がオーナー経営者ではない役員で、保険金額が5億円、この会社の年商が3億円だった場合はどうですか？

税法や保険会社の取扱規程を満たしていたとしても、なぜ、オーナーでもない役員に年商を超えた高額な生命保険が必要なのか、という違和感がありませんか？

　このようなケースを「合理的理由のない異常な形式」と言います。

　例えば、この会社に税務調査が入ったとします。多額の生命保険料の支払いが調査官の目に留まり、付保目的を尋ねられた際、経営者は何と答えるでしょうか。

　大抵、このような契約は、本当は経営者自身を被保険者としたいのだけれど、健康状態に問題があって生命保険に加入できない、だから、別の役員を被保険者とした、というところでしょうか。解約返戻金から逆算すると、若い被保険者だとどうしても保険金額が大きくなってしまいます。

　このような理由で大きな損金を計上して法人税を圧縮している法人を見て、貴方が国を代表する税務署の調査官ならば、どのように考えますか？

「御社では、この保険を、解約返戻金を取得するためだけに契約しているのですか？」

「生命保険から保険金が支払われたときに、何にどのようにお使いになるのですか？」

　私が調査官ならば、このように質問するでしょう。そして、経営者は答えを持たないはずです。そして、最後にこう畳み掛けるでしょう。

「このように、形は適法でも、付保目的に照らして明らかに尋常ではない保険の契約をし、その結果、多額の損金を算入して法人税を軽減して

いる行為を『租税回避行為』というのですよ。今のお話を聞いて、明らかに、通常の生命保険の契約の仕方ではないということがわかりましたので、この保険料を損金として認めることはできません。この保険料を『損金不算入』として計算し直して修正申告をしてください」

　仮にこのプランを提案したのが貴方だった場合、本件に関する責任を問われたらどうしますか？　昨日まで貴方の味方だった経営者は完全に貴方の「敵」になります。

　中国に「李下に冠を正さず」という諺があります。桃のなっている木の下でずれてしまった冠を直そうとすると、周りの人からは桃を盗もうとしているとみられるので、そもそもそのような行動をしてはいけない、という言葉です。

　貴方が税務を勉強して、節税や解約返戻金を少しでも顧客の有利に運ぼうとして策を巡らせたとしても、租税回避行為か否かの判定は、貴方ではなく税務署が行います。
　貴方がどれだけ「冠を直そうとしただけだ＝税法に規定されている範囲の正当な行動だ」といっても、税務署の調査官が「桃を盗もうとした＝租税を回避しようとした」とみれば、貴方は何の抗弁もできません。

　この点に関しては、貴方は、貴方の普段の仕事を離れて、「自分が税務署の調査官だったらどのように判断するか」という発想で考えるべきなのです。

第5章

経営者との
コミュニケーションの
心構え

1 経営者とはいったい 何をどう話せばいいのか

経営者保険を取り扱うためには、まず、経営者と話ができなければなりません。これまで経営者と話をしたことのない人は、「いったい何をどう話せばよいのだろう」と不安に思われることでしょう。

ただ、ここでちょっと思い出してほしいのです。貴方が最初に、生命保険の取扱いを始めた時のことを。

生命保険販売の資格を取得して、個人のお客様の前に初めて行くときにも同じような気持ちになりましたか？ おそらく、十分な準備とシミュレーションを行い、自信をもってお客様にお会いしたのではないでしょうか？

貴方はそのとき、お客様にどうやって保険を売り込もうかとか、そんなことを考えてはアプローチしなかったと思います。まずは自分の仕事を知ってもらい、自分がお客様のためにどのような役に立つことができるか、ということをアピールしたのではないでしょうか？

お客様と、まずは仲良くなること、自分を信頼してもらうことにすべてのエネルギーを費やしてきたのではないでしょうか？

経営者保険を取り扱う場合も、それと同じでいいのです。保険を売り込もうとして、**「どんなことを話せば契約がもらえるのだろう」などと悩む必要はありません。**いや、むしろ、毎日のようにいろいろな会社のセールスパーソンから売り込みを受けている経営者ですから、売り込みには慣れていますし、「このセールスパーソンは何かを売り込みに来たんだな」という感受性は個人のお客様よりははるかに高いと言えます。

貴方にそのような片鱗が見えた時には、即座に断りの言葉が出てくることでしょう。

まずは、相手の信頼を勝ち得ること。この人の話ならばまた聞いてもよいと思ってもらえること。付き合っていれば何かの役に立つ人だと思ってもらえること。少なくとも今日の面談の数十分間は無駄ではなかったと思ってもらえること……。

それこそが、貴方が考える必要のあることなのです。

以下では、そのためにどうすればよいのかを解説していきます。

①何を話すかではなく、何を聴くか

「経営者に会った際、何を話せばいいですか？」と問われることがあります。そうしたスタンスでいる限り、経営者保険のセールスはうまくいかないでしょう。

まず、貴方は経営者に何かを話すのではなく、経営者の話を「聴くべき」なのです。**経営者が気持ちよく貴方にいろいろなことを話してくれる環境を作る**ことこそが、経営者保険のアプローチでは大切なのです。

「傾聴のスキル」という言葉があります。関心をもって相手の話を拝聴する姿勢のことですが、これは極めて高度なスキルであって、本を読んだくらいではなかなか身につくものではありません。

ただうなずいているだけではダメです。うわの空で聞いていれば、それは相手に察知されます。真剣に関心をもって相手の話を聴くことができるか。いろいろ口をはさみたくなることもあるでしょうし、経営者の武勇伝を聞いているうちに時間がどんどん過ぎてしまい、自分の言いた

いことが言えなくなる……と不安になるかもしれません。しかし、真剣に自分の話を聴いてくれていると相手に感じてもらえれば、経営者も固く閉ざした心を徐々に開いてくれるものです。

経営者にはヒストリーがあります。日経新聞朝刊の「私の履歴書」のように、**100人の経営者がいれば100のヒストリーがある**のです。個人事業を始めて法人化し、今の規模まで会社を大きくしてきたことを経営者は誇りに思っています。そこをしっかりと聴くことで、経営者の人となりや会社に対する想いなどをうかがい知ることができるのです。

仮に、貴方が訪問前に帝国データバンクなどで企業情報を入手していたとしても、そこでわかることは数字だけです。**経営者保険のセールスは、経営者の想いに寄り添うことがスタートライン**ですから、数字にとらわれることなく、相手が自社のことを気持ちよく話せるように場づくりを行うことが重要です。

②引き出しをたくさん持つ

すでに本書で見てきたように、経営者保険のセールスでは、その切り口となる「引き出し」を数多く持つ必要があります。

例えば、「後継者がなかなか独り立ちしなくて…」とこぼしている経営者がいたとします。話を聞いていると、その経営者は相当にワンマンで、後継者を専務にしたにもかかわらず、あれこれ口を出し続け、後継者が自由に仕事をできる環境にない、ということがわかるかもしれません。要するに「過保護」だということです。

このような経営者には「事業承継」の引き出しを開けます。

「社長、これまでのお話を聞いて、御社はできるだけ早めの事業承継対策を打たれることが必要ではないかと思います。」
「事業承継？ そんなことは顧問税理士からも耳にタコができるくらい聞いてるよ。要するに株価を下げとけ、っていうんだろ？」

　ここで、「事業承継＝自社株の引き下げ」という引き出ししかもっていないセールスパーソンは二の句が継げなくなります。私ならばここで、事業承継の引き出しに入っているフォルダーの一つである「株価を下げずに事業承継を円滑に行う方法」のフォルダーを開きます。

> 「さすが社長、そういうことはすでにお聞きなんですね。いい会社の株は高いんです。税理士の先生から自社株対策を、と言われるくらいですから、御社は相当にいい会社だ、ということです。
> 　でも、聞かれていると思いますが、株価対策をやると、利益は減り、配当も減り、決算書は相当程度傷んでしまいます。そうなれば金融機関や取引先との関係にも影響が出てくるかもしれません。社長はそのような状態でお子さんに会社を継がせるのと、今の、株価が高い状態で会社を引き継がせるのと、どちらがご希望ですか？」

　事業承継や役員退職金など、経営者保険セールスの「引き出し」はいろいろあります。しかし、引き出しの中に解決策が一つしかないと、そこで商談は行き詰まってしまうかもしれません。

　経営者にはいろいろなタイプの方がいます。そうしたいろいろなタイプの経営者に対応していくには、貴方自身が経営者が関心を持ちそうなことに対してできるだけアンテナを拡げ、多くの引き出しの中に様々な

フォルダーをストックしておくことが大切です。

　まずは引き出しを作る。それだけでも十分に対応はできると思いますが、さらに向上するならば、**一つの引き出しに様々なフォルダーを作るイメージで情報収集**をしていただきたいと思います。

③危機感を伝えて共感を得る

　経営者と商談する場合のポイントとして、貴方にお伝えしておきたいもう一つのことは、貴方自身の危機感をストレートに伝え、経営者の共感を得るということです。

　保険契約をいただいている経営者に、貴方が他の経営者の紹介を依頼をしたとしましょう。おそらく、そのことを不快に思う経営者はほとんどいないと思います。
　なぜならば、中小企業経営者も販路拡大のために、同じようなことを自ら実行しているからです。むしろ、皆さんの置かれている環境を理解してくれ、その言葉がきっかけで良き支援者となってくれる可能性があります。

　中小企業の経営は、綺麗ごとではすみません。経営者自らの営業、販路の拡大、社内体制の整備、人材の採用、各種規程の作成、経費の削減、クレーム処理等々……。経営者はすべての最終決定権者として毎日奮闘しています。
　会社を立ち上げる際には、自己資金をかなり投入しています。運転資金が厳しくなれば私財も投入していることでしょう。会社の借金に、個人として連帯保証していますので、会社が借金を返せないことになれ

ば、個人財産も失います。中小企業経営者というのは、常に「背水の陣」で経営に向き合っている人たちなのです。

　貴方が「経営者保険を取り扱おう」と決意したのであれば、この気持ちに近づくことが大切です。

　新規のお客様を見つけることができなければ、貴方のセールスパーソンとしての命脈は絶たれてしまいます。その点で、貴方の立場と経営者の立場は似ています。**その危機感を、ストレートに経営者に伝えることによって、経営者の共感を得る**ことになるでしょう。

2 第一印象をよくする 服装・持ち物への気配り

初対面の人に、次にまた会ってもよいと思ってもらうには「第一印象」が極めて重要ですが、セールスパーソンのなかには「表情」「服装」「持ち物」などの第一印象の構成要素に無頓着な人が少なくありません。

第一印象とは、初対面の人が相手に対して感じる印象のことを指しますが、5秒から10秒程度のごく短時間で評価されるのが普通です。この短時間でお客様が貴方に関して情報を得ようとすると、「表情」「服装」「持ち物」に加えて貴方の「声（大きさ・高低のトーン・明るさ・暗さ）」程度のものでしょう。つまり、**これから貴方が話す情報の前に、そうした要素により、お客様は貴方の第一印象を決定している**ことになります。

「信用できそう」「センスがよさそう」「売れているセールスのようだ」と評価されれば、そのあとの貴方の話もプラス評価の状態で聞いてもらうことができるでしょう。

「信用できなさそう」「センスが悪い」「売れないセールスのようだ」と評価されてしまえば、貴方の第一印象はマイナス評価からスタートします。そのあとの話でよほど挽回できない限り、貴方の次訪のチャンスは訪れないかもしれません。

・営業に出掛ける前に鏡を見ていますか？

・髪形、髭のソリ残し、鼻毛、眉毛、歯などに問題がないことを確認してから出かけていますか？

・服装はどうですか？

・スーツはキチンとプレスされていますか？

・ポケットに物を入れすぎて形が崩れていませんか？

・スーツ・ワイシャツ・ネクタイの色遣いは大丈夫ですか？

・靴はキチンと磨かれていますか？

・カバンに物を詰め込みすぎていませんか？

・今日使用するセールスツールはスッと出せる状態にありますか？

・腕時計やペンは、それなりの風格・こだわりを持ったものを使用していますか？

特に腕時計は、その人の経済状態とセンスを如実に表します。ビジネスにふさわしくないスポーツタイプの時計であったり、やたらと奇抜で大きな時計であったり、一見しただけで安物とみられるような腕時計は、貴方の第一印象を損なってしまいます。これみよがしの高価な時計も嫌みに映ります。

ビジネスシーンにふさわしい、革ベルト・ブレスレットタイプの落ち着いたデザインの時計であれば減点はないでしょう。

また、年配の方に多いのですが、相手の靴でその人となりを値踏みする人がいます。きちんとみがかれているか、カカトはすりへっていないか確認しておきましょう。

ペンは、資料を指し示したり、ご契約の際に署名していただく際にお客様にお渡しするものです。それが100円ショップで販売されているような安物であれば、どんなに立派な商談をしていても、お客様は落胆することでしょう。

　何も高価なものを買い求める必要はありません。**まずはサインしやすいペンであること。そして、高額契約に相応しい風格を漂わせていること。**これが大切です。

「営業お断り」の会社に未来はない

　テルアポをしていて、「うちは売り込みの電話なら結構だよ。もうかけてこないでくれ」と電話を切られてしまうことがあると思います。また、訪問した際、出入り口に「セールスお断り」などのステッカーが貼られていることがあります。

　どんな会社にも営業はあります。ところがこうした会社は、自分たちが営業をしているのに、「営業は受けたくない」ということを対外的にアピールしているわけです。貴方はどう思いますか？

　私は個人的に、営業を受けることは自分の仕事にも活かせる貴重な経験だと思っています。だから、時間が許す限り、セールスパーソンの営業を受けます。

　不動産会社、リフォーム会社、ゴルフ会員権販売会社、自動車販売会社、電気店などなど。一方的に自社商品を売り込んだり、頼んでもいないのに説明を始めたり……世の中にはいろいろなセールスパーソンがいるものです。

　「そうか、こういうふうに接するとお客様の心は離れていくな」ということを自分の体験として蓄積できます。私が営業を受けたセールスパーソンの9割以上は、まともなセールス教育を受けておらず、一方的に自社商品をアピールし、ライバル会社の商品の落ち度を指摘するような

低いレベルのセールスパーソンでした。

　会社の経営者ならば、しっかりとしたセールス教育を受けた貴方と接すれば、自分の会社のセールスパーソンにもこういう教育をしなければダメだ！と痛感するはずです。
「営業お断り」の会社は、自社の営業体制、教育体制を見直すチャンスを自ら放棄し、自分たちのやり方だけで売り上げを伸ばそうとしているのです。その結果、レベルの低いセールスパーソンばかりで売り上げが伸びずに生産性も上がらない…という循環になるのです。

　私たちは、お客様から選ばれる立場であると同時に、お付き合いすべきお客様を選ぶこともできます。貴方が付き合うべきは、良いものは積極的に取り入れ、会社をますます発展させようと願う経営者ではないでしょうか？

第6章

経営者保険の
セールスプロセス

■「商談の軸」を意識しよう

　ここまで学んできた経営者保険のポイントを踏まえて、本章からは、実際に経営者と商談を行うイメージを見ていきましょう。

　経営者にはいろいろな方がいますので、必ずしもシナリオのとおりにうまく事が運ぶとは限りませんが、**スムーズな商談のイメージをつかんでおくことで、皆さんの中に経営者保険の「商談の軸」が出来上がります。**

　ここで、料理を作ることを考えてみましょう。

①材料を買ってくる
②材料を洗って切る
③鍋で炒める
④味付けをする
⑤煮込む
⑥盛り付ける

　これが「料理の軸」です。まずは、この「料理の軸」をしっかりとトレースすることで、ともかく料理は完成します。

　一方で、同じ手順で作っているのに、おいしく作れる人とそうでない人がいます。それは、手順の一つ一つの質が違うからです。材料を買う段階で新鮮な材料を選んでいるか、材料を切るときにはそれぞれ同じ大きさになるように切っているか、炒める時間は適切か、味付けはどのような配合で行っているか、煮込む時間は長すぎないか、食欲をそそるように盛り付けられているか、等。

　つまり、同じ手順であっても、各プロセスに巧拙の違いが出てきているわけです。

　料理が上手な人は、これらを経験の中で身につけているのでおいしく作ることができます。初めて料理をする人は、最初から上手に作ろうとするのではなく、まずは一回作ってみて、その料理の手順を経験したうえで各プロセスの質を上げていく、ということを繰り返すほうが、早く上手に作れるようになります。

　また、料理は作りたいものを作るだけでは、相手に満足を与えることはできません。自分が作るものが、本当に相手が食べたいと思っているものか、という要素も重要です。

　どんなに上手な料理でも、毎日同じメニューでは相手も飽きてしまいます。いくつかの料理のバリエーションを持つことも必要になってきます。また、食材には「旬」があります。旬の時期は最もおいしく、価格も安く手に入ります。季節感を考えながら料理を作ることもポイントです。

　ここまで、料理を例に説明しましたが、経営者保険の商談も同じです。商談の全体像のイメージを見ることで、貴方に経営者保険の「商談の軸」が出来上がります。

　まずは一度経験してみてください。うまくいくもいかないも、結果はあまり気にする必要はありません。経営者保険のセールスも料理と同様、経験すればするだけ、着実に上達するからです。

　経営者の食べたいと思っている料理を作りましょう。経営者にとって旬の食材は何か、ということも考えてみましょう。

　そうすることで、あなたは相手に感動を与えられる料理を提供するこ

とができるのです。

　経営者保険のセールスプロセスは、次の5つのSTEPに分けて考えることができます。

STEP 1　テルアポ（電話で面談のアポイントをとる）

STEP 2　アプローチ（経営者との初面談。生命保険に関心を持ってもらい、次のステップのアポをとる））

STEP 3　ファクトファインディング（実情調査）・ヒアリング

STEP 4　プレゼンテーション・クロージング

STEP 5　証券内容確認と紹介依頼

　以下、それぞれのSTEPにおける具体的なトーク例を見ていただくとともに、そのポイントを説明していきたいと思います。

　トーク例の中で ポイント① 、 ポイント② ……などと表示した部分の説明を、後半の「ポイント解説」で行っています。

テルアポ

┃トーク例┃

電話受付：はい。「Ａ株式会社」でございます。

セールス：わたくし、Ｘ生命の鈴木と申します。ご多忙のところ申し訳ございませんが、社長の高橋様はいらっしゃいますでしょうか？

　➡ ポイント①

電話受付：どのようなご用件でしょうか？

セールス：はい。本日は、Ｂ株式会社の社長から御社の社長をご紹介いただきましたので、訪問させていただく日程をご相談させていただきたくお電話をさせていただきました。ごく短時間で済むお話でございますので、高橋社長にお取次ぎいただけませんでしょうか？

　➡ ポイント②

電話受付：少々お待ちください。（電話を転送する）

経営者　：お電話かわりました。高橋です。

セールス：ご多忙のところ申し訳ございません。わたくし、Ｘ生命で企業経営者向けのコンサルティングをしております鈴木と申します。Ｂ株式会社の社長からご紹介いただきましてお電話をさせていただきました。

　➡ ポイント③

経営者　：Ｂ株式会社？　ああ、そういえば電話が来てましたね。でも、あの時は商売の手前ＯＫしましたが、保険の話ならば

間に合ってますよ。

セールス：本日は、保険のおすすめではなく、経営者の皆様、特に、御社のような製造業の皆様に大変喜ばれている、経営にお役立ていただける情報がございましてお電話をさせていただきました。10分程度の短い時間で結構ですので、ご面談の機会をいただけませんでしょうか？

　➡ ポイント③

経営者　：経営の情報ね…。まあ、そういう電話も毎日のようにたくさん来るんですよ。

セールス：御社ほどの会社ともなればそうでしょうね。すでに、信頼して任せているコンサルタントもいらっしゃるかもしれません。ただ、社長も感じておられると思うのですが、何事も正解は一つではなく、いろいろな解決策があると思います。その観点で一度、わたくしの情報をセカンドオピニオンとしてお聞きいただき、経営のご判断の材料としていただければと思います。聞いてみて、価値が感じられなければ、再びお電話をすることはございません。

　➡ ポイント④

経営者　：……。そうですか……じゃあ、本当に10分でいいの？

セールス：はい。ありがとうございます。今週・来週で社長のお時間がいただけるところはございますでしょうか？

経営者　：そうねえ。来週月曜日の午前中なら空いているかな。

セールス：ありがとうございます。それでは、来週月曜日の11時30分からではいかがでしょうか？

　➡ ポイント⑤

経営者　：いいですよ。

セールス：ありがとうございます。それでは、来週月曜日の11時30

分にお邪魔させていただきますのでよろしくお願いします。本日はご多忙な中ご対応いただきまして誠にありがとうございました。それでは失礼いたします。

テルアポのポイント

　上の事例は、紹介をいただいてアポイントの電話を入れているシーンです。紹介とはいえ、法人の場合には売り込み電話が毎日のようにたくさん入ってきます。取引のある会社の社長からの紹介であれば、断りにくく、会うことに渋々同意しているケースも少なくありません。

　アポイントをとるための電話をする場合には、たとえ紹介をいただいていたとしても、**その段階でNOと断られることも想定したシナリオを準備しておきましょう。**

ポイント①　声のトーン

　顧客からすれば、見知らぬ人から突然電話がかかってきて、「会ってほしい」と迫られるのがテルアポです。貴方が顧客の立場になって電話を受けた場合、どのような電話ならば会う気になりますか？

　テルアポでは、貴方の人となりを判断できる要素は「声」だけです。対面であれば、表情や服装、持ち物など、視覚的な効果が加わりますが、「声」だけで貴方が信頼できそうかどうかを判断してもらう必要があります。そのため、**まずは明るく、元気な声のトーンが必要**です。

　低くて暗い、落ち着いたトーンの電話を受けた場合、あなたはどのように感じますか？　私たちの普段の会話でもそうですが、何かいいことを相手に伝えるときには、声のトーンは高く、明るくなります。逆に、何か悪い知らせの時には声のトーンは低く、暗くなります。

貴方が、面談のチャンスを望んでテルアポをしているのであれば、少なくとも貴方の電話が「何かいいことを運んできてくれそうな」雰囲気であることが必要でしょう。

［ポイント②］　受付担当者の突破

　どこの企業でも、経営者がいきなり電話口に出ることはまずありません。大抵は、受付の担当者が電話口に出てくるものです。ここに貴方の一つ目のハードルがあります。受付を突破できなければ、経営者と話すことはできないからです。

　企業には一日中、様々な業種のセールスパーソンから幾多の売り込みの電話がかかってきます。経営者はそのような電話の相手をいちいちしているわけにいきませんから、受付の担当者に「売り込みの電話は適当に断っておいてくれ」と言っています。受付担当者は「売り込みの電話＝撃退する」が自分の仕事であると考えています。そのような人が貴方の電話に最初に出るのだということを理解しておきましょう。
　テルアポの目的は「面談の約束を取り付けること」です。この目的を達成するためには、貴方はまず受付を突破して、電話を経営者に取り次いでもらわなければなりません。

　そのためのポイントは３つあります。

（１）受付担当者の心理を理解する
「御社のお取引先の○○社の社長からご紹介をいただいてお電話させていただいています」と言われると、相手は自分の会社のことを知ってい

るということ、取引先の関係の電話であるということを察知します。

　受付担当者の心理は、電話を経営者につないで怒られるのと、電話を撃退して、「どうしてつないでくれなかったんだ」と怒られることを天秤にかけています。

　前者のケースはあくまで社内の話ですから、あとから経営者に文句を言われても「売り込みの電話ということが判断できなくてつないでしまいました。以後気をつけます」で済んでしまいます。しかし、後者のケースは、重要な取引の電話を受付担当者の独断で撃退してしまったことになりますから、会社に損失を与えて、最悪の場合にはその責任を問われるかもしれません。

　このように考えると、**受付担当者は「迷ったら経営者につなぐ」という心理状態にある**ことがわかります。

（2）受付担当者自身にもメリットがある情報であると認識させる

　これは、「従業員退職金対策」「従業員の福利厚生拡充」などを提案の切り口にする場合に有効です。受付担当者も中小企業に勤める一人の社員です。大企業並みの福利厚生制度が整った中で仕事をしているわけではありません。会社の制度に不満を感じているかもしれません。

　そのような状況の中、「従業員の皆様の福利厚生拡充のための情報提供があってお電話をさせていただきました」という電話があれば、「この話がきっかけで自分の待遇も少しはよくなるかもしれない」と考えてくれます。

（3）受付担当者だからと言って疎かに扱う態度を見せない

　テルアポをしているのは保険会社のセールスパーソンだけではありま

せん。マンション投資、商品先物、証券会社や銀行、資格取得講座の売り込み等々……。中には礼儀知らずの人もいます。こちらに興味がないとわかると一方的に電話を切るなど…。

　一般の方は、テルアポに対して何一つ良いイメージは持っていないと考えた方がよいでしょう。そんな中、貴方は他の売り込みの電話と明らかに違う印象を与える必要があります。それにはまず、**受付担当者が相手であっても、誠実で礼儀正しい言葉遣いをする**ことです。

　通常のテルアポでは、100社に電話を掛けてアポイントが取れるのは数件と言われていますので、断られるほうがむしろ多いのです。たとえ断られるとしても、電話口の相手には「忙しい中、仕事の手を止めてしまって申し訳ありません」「ご対応いただいてありがとうございました」という気持ちをしっかりと伝えましょう。

［ポイント③］　自己紹介とステイトメント

　運よく受付担当者が経営者に電話を転送してくれたら、そこでまずは、貴方がどこの誰で、どんな仕事をしているのかについて名乗る必要があります。さらに、どのような要件で電話をしてきて、何をどうしたいのか、ということをわずか数秒の間で、簡潔にわかりやすく伝える必要があります。これは相当に高度な技術を要しますし、行き当たりばったりでは、まず突破することは不可能でしょう。

　テルアポをする場合には、**貴方が言いたいことをまとめた「シナリオ」を作っておきましょう**。わずか数秒で、経営者に、貴方と会ってもよいと思っていただくためのシナリオです。言葉遣いや表現、内容に至るまで、一分の隙もないシナリオで臨みましょう。

　もちろん、最初から完璧なシナリオというものはありません。実践をしながら、貴方にあったシナリオ作りを目指していきましょう。

「ステイトメント」とは要するに、「貴方の言いたいことを一言で言ってください」と言われたときに、貴方が発するメッセージのことです。これを長々と話すようでは、聞いている相手は面倒くさくなってしまいます。

「企業経営に生命保険を有効活用する方法」や「保険を活用した資金調達方法」など、**貴方が得意とする経営者保険の切り口を、研ぎ澄まされた短いセンテンスで語れるかが勝負の分かれ目です。**

［ポイント④］　反論対処

　ここまで無事に乗り切ったとしても、次には、相手の反論に対処することが求められます。

「いや、生命保険ならば、信頼して任せている人がいるから」
「生命保険ならば、もう、整理したいぐらい加入しているから」
「業績がよくないので、生命保険を検討する余裕はない」
　等々。
　大抵がこのような反論です。これらの反論への対処法は事前にしっかりと準備しておきましょう。

（1）「いや、生命保険ならば、信頼して任せている人がいるから」

➡「もちろん、御社ほどの会社ともなればそうでしょう。例えば、病気で病院にかかったとして、主治医の診断に納得がいかなければ、今ではセカンドオピニオンを活用する方もいらっしゃいます。御社の信頼関係

を壊して何かを提案しようとは考えていません。社長のご判断の材料の一つとなればよいと思ってお電話させていただいた次第です」

（2）「生命保険ならば、もう、整理したいぐらい加入しているから」

➡ 「なるほど。すでに、生命保険を経営にご活用いただいているのですね。それは素晴らしいことです。しかし、そうおっしゃる経営者の方の中には、保険料の負担が重くて、本業の運転資金に悪影響が出ていたり、税制が変わったのに、加入後のメンテナンスが行われていないために、誤った税務処理を続けている会社もございます。その点で、最新の情報提供をさせていただきますので、一度面談の機会を頂戴できればと考えています」

（3）「業績がよくないので、生命保険を検討する余裕はない」

➡ 「そうおっしゃる経営者の方はたくさんいらっしゃいます。しかし、生命保険は業績が良い時にだけ利用価値があるわけではありません。業績が厳しい時に、加入している生命保険を見直してスリムにすることで運転資金に余裕を持たせることもできますし、業績が厳しい時だからこその企業防衛としての使い方もございます。無理に加入をおすすめすることはいたしませんし、お聞きいただいたうえで、必要ない、ということであれば、そうおっしゃっていただければ結構です」

ポイント⑤ 　時間の設定

　反論対処を乗り越え、「それでは一度会ってもよい」ということになれば、次は日時の約束です。貴方はいつも、初対面のお客様とどのようにアポイントを取っていますか？

「30分ほど時間をいただきたい」というアポイントを取る人がいますが、経営者保険セールスの初訪としては、少し長すぎます。貴方自身が、電話でしか話したことがない相手に対して許容できる時間は何分か、ということを考えればわかるはずです。

特に、中小企業経営者は忙しい方が多いですし、経営者にとって「時は金なり」です。短い時間で多くのことをジャッジしている人たちです。会った瞬間に「で、要点だけ簡潔に言ってくれますか?」というリアクションが返ってくることも少なくありません。

このように、相手の土俵の上で相手のペースで戦うことになれば、貴方がどんなに役に立つ話を用意していたとしても、その効果は十分発揮できないまま終わることになるでしょう。そのようなことを避けるために、**いただきたい時間は「10分」とし、その時間は自分の話に耳を傾けてほしい、ということを強調してみましょう。**

> 「ありがとうございます。それでは、10分ほどお時間を頂戴したいと思います。10分耳を傾けていただければ、御社にとって、役に立つ話かどうか、おそらくご判断いただけると思いますので。それでは、来週の午前中でお時間の取れそうな日はございますか?」

これにより、相手は、「貴方の話を10分間聞けばよい」ということが刷り込まれます。10分くらいなら、仕事の合間に何とか取れるはずです。そしてそれ以上に、10分経てば貴方が帰るということがわかり、安心感を与えられるのです。

その後、日にちと時間の設定を行います。

貴方の会社にも、朝礼や会議や研修が数多くあるはずです。その開始時間はたいてい、9時、13時のような「キリのいい時間」が開始時間になっていませんか？

　「キリのいい時間」というのは、事前に準備をしている運営側にとっては都合がよいのですが、参加する側にとっては時間に間に合わないことがあります。

　例えば、9時という時間は、多くの会社の就業開始時間です。国民の多くがこの時間めがけて通勤しています。電車も道路も混んでいます。ちょっとした事故やトラブルで遅延や渋滞が発生します。なので、9時開始の会議には遅刻者がどうしても出てしまうのです。

　13時開始も同様です。多くの人が12時から昼食をとりますが、店先に並んだり、料理が提供されるまで待たされた挙句、精算するにも行列です。そうこうしているうちに13時を越えてしまうことがあります。

　また、経営者は一日の間に会議や面談などのスケジュールをこなしていますが、たいていは1時間刻みです。経営者に9時から10時の会議に参加する予定があったとして、10時の約束をした貴方が5分前に到着したとすると、相手は会議を中座して対応しなければなりません。約束の時間の5分前に到着するのはビジネスマンの必須のルールですが、経営者は「10時と言ったのに…」と考えるはずです。

　ですから、**重要な相手との時間の約束は、「キリのいい時間をあえて外す」ということがポイントです。**例えば「9時30分」「11時30分」などとするのです。このことで、相手が前の予定を繰り上げないといけなくなることを防げますし、遅延することも防げます。なによりも、その

ような時間の約束をするセールスパーソンは少ないですから相手の印象に残ります。

また、「日中は忙しい」「忙しくて時間が取れない」という方もいらっしゃいます。そのような場合の対処法として、**「早朝の時間帯でアポイントを取る」**という方法があります。

中小企業経営者の中には、従業員の誰よりも早く出社する人が少なくありません。よく「重役出勤」といって、昼ごろのんびりと出社する役員を思い浮かべるかもしれませんが、そのような余裕のある会社は、大企業か、経営者が経営に意欲を失っている会社か、いずれかです。

朝は7時くらいに出社して事務所のカギを自分で開け、社長室で新聞を読んだり、前日の仕事の残りを片付け、従業員が出社する頃には、今日の仕事が完璧に始められる状態を作っている経営者が少なくありません。この時間こそが、経営者とじっくり話ができる貴重なタイミングなのです。従業員も出社していませんし、経営者も従業員に気兼ねすることなく、本音を話してくれます。

ですから、貴方はこういえばよいのです。

> 「ご多忙のことと存じますので、お仕事の邪魔にならないところでお時間を頂戴したいと思います。私は経営者のお客様が多いので、早朝のアポイントでも大丈夫です。もし、社長が朝早く出社されているのであれば、そこに合わせます」

アプローチ

┃トーク例┃

セールス ： おはようございます。本日はご多忙の中、ご面談の機会を
いただきましてありがとうございます。私はX生命で企業
向けコンサルティングをしております鈴木と申します。ど
うぞよろしくお願いいたします。

経営者 ： ああ。鈴木さんね。まあ、どうぞ。

セールス ： ありがとうございます。本日は、お電話でもお話しさせて
いただきましたとおり、製造業の企業様向けの情報提供を
させていただくということでお伺いさせていただきまし
た。本日は、情報提供させていただき、会社経営における
ご判断材料としていただくことを目的としておりますの
で、何か生命保険のプランをお持ちしているわけではござ
いません。お約束のとおり、10分ほど、お時間をいただ
きたいと存じますがよろしいでしょうか？

➡ ポイント①

経営者 ： ああ、いいですよ。本当に10分でいいんだね？

セールス ： はい。ありがとうございます。それではさっそく本題に入
らせていただきたいと思います。実は、本日お邪魔する前
に御社のホームページを拝見させていただきました。輸送
用機械の製造をされておられる、とのことですが、お仕事
を始められてどのくらいになりますか？ ➡ ポイント②

経営者 ： そうだね。今年で創業40年になるね。

セールス：40年ですか。それは素晴らしいですね。失礼ですが、社長はまだお若いようにお見受けいたしますが、二代目社長ということでいらっしゃるのでしょうか？

経営者　：そうだね。私の父が創業した会社なんだよ。

セールス：社長を引き継がれて何年になりますか？

経営者　：ちょうど10年だね。

セールス：それは社長がおいくつの時なのでしょうか？

経営者　：40歳の時だよ。

セールス：それはお若くして跡を継がれたのですね。もともと、そのくらいの時期に事業を承継されるご計画だったのですか？

経営者　：いや。実は親父が病気になって、経営を続けるのが難しくなってね。予定より早かったけど、急遽引き継ぐことになったんだ。

セールス：そうですか。それは大変でしたね。では、当初はいろいろとご苦労なさったのではないでしょうか？

経営者　：ああ。うちは機械製造といっても、ちょっと特殊な機械でね。電車なんかの制御用部品を作っているんだ。だから、取引先もある程度の規模の会社が多くてね。大企業は納入業者の経営状態まで見てくるからね。

セールス：なるほど。大企業や官公庁相手のお仕事をされている方からは同じようなお話をよく聞きます。安定的に利益を出していないと、あの会社に仕事を依頼するのは危ないんじゃないかと判断されてしまう可能性があるということなんでしょうね。

経営者　：そうだね。その点、大企業はシビアだからね。

セールス：なるほど。ちなみに、御社は今、従業員は何人いらっしゃ

るのですか？

経営者　：工場の方に50人と、営業と事務で20人だから70人だね。

セールス：70人ですか。従業員数が多いと、いろいろと考えなけれ
　　　　　ばならないことも多いのではないでしょうか？

経営者　：ああ。うちの会社もご多分に漏れず高齢化が進んでいて
　　　　　ね。技術を持った工場の社員が徐々に定年に近づいていっ
　　　　　ているので、その技術を若い世代に伝えていくことが、今
　　　　　は一番の大きな課題かな。

セールス：御社のような特殊な機械を製造するには、技術の伝承が欠
　　　　　かせないということなんですね。

経営者　：そうだね。でも、そう簡単なものでもないから、60歳の
　　　　　定年を延長して65歳までは働けるようにしてるんだ。

セールス：なるほど。そうだったんですね。あ、申し訳ありません。
　　　　　最初からいろいろとお話をお伺いしまして。実は、本日お
　　　　　伺いしたのは、情報提供、ということだったのですが、正
　　　　　直なところ、経営者の方にもいろいろな方がいらっしゃい
　　　　　ますし、会社のことなどもお伺いしながら、お役に立てそ
　　　　　うな話をさせていただこうと思っています。

　　　　➡ ポイント③

経営者　：そう。

セールス：例えば、今お伺いしたお話の中にも、それについて社長に
　　　　　関心を持っていただけそうな話がいくつかございます。

　　　　➡ ポイント④

　　　　　取引相手に大企業が多いということで、経営を安定させた
　　　　　いとおっしゃっていましたが、経営というのは経営者の努
　　　　　力だけではなかなか思いどおりにならないこともあると
　　　　　思います。やはり、景気の変動や為替の状況など、外的な

要因の影響も大きいですからね。どのような環境の変化があっても、安定的に利益を計上できるような仕組みがあるとしたらどう思われますか？

経営者 ：そんな方法があるなら、それはいいと思うよ。

セールス：ありがとうございます。さらに、従業員の定年を60歳から65歳に延長された、ということですが、従業員の勤続年数が長くなる分、勤続年数に応じて支払う退職金が大きくなるのではないかと思いますが、いかがですか？

経営者 ：そうだね。

セールス：そうすると、当初予定していた退職金よりも準備しなければならない金額は増加しますので、その原資を上手に積み立てていかないと、退職者がまとまって出た場合に、会社の決算にも大きな影響を与えてしまう可能性が出てくると思います。

経営者 ：そうなんだよ。

セールス：さらに、社長は2代目ということですが、先代の社長は今どうされていますか？

経営者 ：うん、病気はしているけど、通院しながらなんとかやってるよ。

セールス：御社の自社株は先代がお持ちなのですか？

経営者 ：うん。そうだね。

セールス：とすると、先代に万が一のことがあった場合、先代がお持ちの御社の自社株は相続財産になりますので、それを引き継ぐ社長に多額の相続税がかかる可能性もありますよね。

経営者 ：うん。そこは前から気になっていたんだ。

セールス：社長にはお子様はいらっしゃいますか？

経営者 ：うん。ゆくゆくは跡継ぎにと思っているんだが…。まだど

　　　　　　うなるかわからないけどね。

セールス：なるほど。そうすると、社長の時と同じように、経営者の座を譲るとき自社株をどうするか、という問題もあるかもしれませんね。

経営者　：そうなんだよな…。

セールス：会社を経営するには、いろいろ悩みが尽きませんよね。実は、そうした経営者の皆さんのご心配や関心事に対して、生命保険を上手に活用することで、そのリスクを減少させたり、回避したり、あらかじめ対応を準備したりすることができるんですよ。

　　　　➡ ポイント⑤

経営者　：そうなの？　生命保険って、死んだときに遺族がお金を受け取るためのものなんじゃないの？

セールス：はい。個人で契約される場合は、「ご遺族の生活保障」「医療の備え」といった目的での加入が多いですが、法人でご契約なさる場合には、経営上のリスクに備える目的で利用できるんです。

経営者　：ふ～ん。そうなんだ。

セールス：今日はお時間10分、ということでしたので、これでおいとまさせていただきますが、もしよろしければ次回、1時間程度のお時間を頂戴できるようでございましたら、企業経営に生命保険を活用する具体的な事例をいくつかご紹介させていただきたいと存じますが、いかがでしょうか？

経営者　：なるほどね。ちょっと聞いてみようかな。

セールス：ありがとうございます。それでは……。

　　　　→ 【次回アポの取得】

アプローチのポイント

アプローチの目的は、**「生命保険に関心を持ってもらい、次のステップのアポイントを取る」** ことです。

個人保険の場合には、アプローチに30分、1時間と時間をかける方が少なくありませんが、経営者保険では、初対面の段階から多忙な経営者の時間をそこまでとること自体が難しいでしょう。**最初は10分間程度で「（プレ）アプローチ」を行うつもりでのぞむとよい**と思います。

初対面の、しかも、テルアポで運よくお会いできることになった経営者であればなおさらです。経営者は冗長な話を嫌う方が多いですし、貴方が話しているときに、「で、結論は何？」というように単刀直入に結論を迫ってくるケースも少なくありません。

あらかじめ、10分間で要件が済むことを伝え、その間はしっかりと貴方の話を聞いてもらえるような環境づくりに徹したほうがよいでしょう。

その代わり、その10分間は貴方にとって真剣勝負の時間です。無駄話をする余裕は皆無です。とはいえ、一方的に話すのではなく、相手にも気持ちよく話してもらい、貴方自身の存在をしっかりとアピールするということもまた大切となります。

ポイント① 挨拶と訪問目的

テルアポで面談の了解をくださったとはいえ、この段階でのお客様は、貴方がどんな人物かということをまだ知りません。また、セールスに対する警戒心を強く持っています。警戒心を解いて、貴方の話に耳を傾けていただくための環境づくりをしなければなりません。

初めて会ったお客様には次の6項目をしっかりと伝え、こちらの話をきちんと聞いていただく環境づくりをしておきましょう。

①挨拶
「こんにちは」「はじめまして」「いつもお世話になっております」等
②時間をいただいたことへの感謝の言葉
「本日はご多忙な中、お時間をいただきまして誠にありがとうございます」等
③自己紹介
「私は○○生命で○○をしております○○と申します」等
④訪問の理由
「本日は○○業向けのお役に立ちそうな情報がございましたのでお持ちしました」等
⑤訪問の目的
「本日は情報をお聞きいただき、御社のお役に立つかどうかのご判断を賜りたいと思っています（何かの提案や保険の説明が目的ではないということを伝える）」等
⑥時間の了承
「お約束どおり、10分間お時間をいただきたいのですがよろしいでしょうか？」

　特に重要なのは④〜⑥です。経営者は、数ある企業の中で、なぜ、このセールスパーソンは自分の会社に来たのかと訝しげに見ています。何か狙いをつけて訪問したのではないこと、例えば貴方から「製造業のお客様に絞ってアポイントのお電話をさせていただいている」などと聞けば、多少は警戒心が下がります。

また、経営者は、会社に来たセールスパーソンに対し、「何かを売りに来た」という意識で見ています。自分の会社で営業をしていれば、当然に同じようなことを日常的に行っているわけですから、皆さんが言わずとも、そんなことは百も承知です。

しかし、ニーズセールスを実践されている貴方であれば、必要性のないお客様に無理に保険の販売をすることはないでしょう。貴方が保険を販売するのは、お客様に解決すべき問題や課題があって、その解決方法として生命保険を用いることが、あらゆる角度から検討して合理的であると判断されたときではないでしょうか。

貴方がそのようなスタンスで仕事をしているのであれば、そのことをはっきりとお伝えすればよいのです。それによって経営者は貴方のことを、「他のセールスとは違う」と感じ取ることでしょう。

時間の了承も同様です。「ちょっとよろしいですか？」といって相手の都合もお構いなしに長々と居座るセールスが世の中にはたくさん存在します。そのようなセールスを見て、経営者も辟易としています。

時間の了承を求めることで、約束の時間が来れば、貴方の商談が終わることを保証しているのです。それにより、経営者は安心して貴方の話を聞くことができるでしょう。

［ ポイント② ］ 相手を知る

よく、初対面の間柄で、相手のことを根掘り葉掘り聞きだそうとして質問をする方がいます。相手を知ることは大切ですが、自分が信頼できる人物であることをわかってもらう前に、そのようなことをすれば相手の警戒心は下がりません。

ホームページなどがある会社であれば、事前にその内容を見ておき、

情報をしっかりと入手しておきましょう。 特に、経営方針や社訓・社是、経営者のメッセージなどが書かれていれば、そこから経営者の会社に対する思いや大切に考えていることを知ることができます。

他にも、商工年鑑や会社案内などが入手できる場合もありますし、紹介をいただいた場合であれば紹介者からあらかじめお話を伺っておくこともできます。

初対面の場で情報を直接聞き出すのでなく、事前に入手できる情報はあらゆる手段を使って入手しておくことが大切です。人は、自分のことに興味を持ってくれている人にならば、いろいろと話をしてくれます。

相手に興味を持っている自分をまずは見せたうえで、質問に入っていけばいいのです。

［ポイント③］　誠実な態度で会社のことを聞く

初対面の経営者がどれだけ話をしてくれるか……と不安に思われるかもしれませんが、あなたは誠実な態度で会社のことを尋ねればよいのです。

創業社長であれば、創業に至ったきっかけや、創業してから今に至るまでご苦労されたこと、現在の経営で課題と考えていることなどを、共感をもってお聞きするのです。どのような経営者にも「歴史」があります。その「歴史」に貴方自身が関心を持ち、その会社のためにお役に立ちたい、という姿勢が見られれば、経営者は貴方の存在を理解してくれるようになるでしょう。

相手のことを知る前に、こちらから用意した話を一方的に始める人がいますが、これは、ジャンケンでいうと「先出しジャンケン」です。経営者は話を聞いて、自分の会社に必要ないと思えば、あなたの出した話

にNOを出します。先出しジャンケンは必ず負けます。

　ジャンケンに必ず勝つには「後出し」である必要があります。**経営者の話をよく聞いた後で、貴方は「問題を解決できる方法がある」と切り出せばよいのです。**

ポイント④　複数の切り口を提示する

　経営者は会社の運営において日々、様々な判断をしています。周りからはいろいろなアドバイスがあるでしょうが、それらを踏まえて最終的には自ら判断して実行しています。

　そのような人は「御社には○○が必要です」「○○をすべきです」というように、誰かから何かを決めつけられることを嫌う人が少なくありません。

　また、経営者は会社全体がうまく経営できるように苦労していますが、会社の中の局所局所では、もっと良い方法があることは理解しています。会社経営という大きな仕事のために、あえて小さなところには目をつむっているようなことも少なくなく、その点について「御社では○○が不十分なようです」などと指摘をされれば、「そんなことはわかっている！」という反発を招きかねません。

　例えば、役員退職金の準備をしていないという場合、「それでは役員退職金の提案を……」とすぐに飛びつくのではなく、「役員退職金も会社で準備しておきたい資金の一つですが、それよりも優先度の高い資金として社長が考えられていることはございますか？」というように、**あくまで経営者の思いを大切にしながら、商談を進めていく必要があります。**

経営者の話を聞いて、貴方に何か気づくことがあっても、あくまでいろいろある選択肢の一つであり、最終的には経営者自身が優先順位をつけて選ぶことができる、という伝え方をすべきでしょう。

ポイント⑤ **生命保険の機能を伝える**

生命保険は、保険料を支払うことによって保険金や解約返戻金などを受け取ることが約束され、会社経営で必要とする資金を確保することができます。

このことは、ここまで本書をお読みいただいた貴方ならば重々承知のことでしょうが、多くの経営者にとって生命保険は、「個人で契約する生命保険」のイメージを出ません。

経営者保険の機能としては、

> ・経営者が死亡した時の死亡保険金
>
> ・経営者が生存していても使える解約返戻金
>
> ・保険料支払いによる法人税の圧縮（社外流出の減少）

という３つがありますが、**多くの経営者は生命保険に対して「自分が死んだときに会社が保険金を受け取る」程度の認識しかありません。**死ぬまで経営者でいたい経営者にとって、自分に万が一のことがあった際の生命保険は遠い将来の対策であり、今すぐ対策を打つ必要性を感じさせることは難しいでしょう。

解約返戻金の活用や社外流出の減少など、**経営者が元気な今でも生命**

保険が活用できるということをしっかりと伝えていくことで、関心を呼び起こすことができるのです。

ファクトファインディング（実情調査）・ヒアリング

┃トーク例┃

セールス：お時間をいただきまして誠にありがとうございます。今日は１時間ほどいただきたいと思うのですが、よろしいですか？

経営者：いいですよ。

セールス：ありがとうございます。それでは、資料を使ってご説明させていただきたいのですが、よろしいでしょうか？

経営者：はい、どうぞ。

セールス：ありがとうございます。こちらをご覧いただけますでしょうか？　社長もご存知かとは思いますが、こちらは会社経営に必要な３つの神器と言われるものです。会社経営には「ヒト・モノ・カネ」の３つが欠かせない、どれか一つでも欠けてしまうとうまく回らなくなる、ということなのですが、社長はお聞きになったことはございますか？
　➡ ポイント①

経営者：うん。実際に会社を経営していると、これは実感するね。

セールス：それでは、この３つのうち、特に社長が重要だとお考えのものはございますか？

経営者：う～ん。どれも重要なんだけど、やっぱり「カネ」かな。資金繰りがうまくいかないと、どんなにいい製品を作っていてもだめだからね。

セールス：なるほど。では、社長は「カネ」、特に資金繰りという点

が特に重要とお考えなのですね。

経営者　：そうだね。

セールス：資金繰りは、会社が必要とするお金全般を指しますが、資金繰りの中でも今、心配になっておられることはございますか？

➡ ポイント②

経営者　：うん。今はまだ切羽詰まっているわけではないんだけれど、先日、従業員が高齢化しているって話したでしょう。５年後くらいから退職者が増えていって、退職金の支払いが続くから、その資金繰りがちょっと心配なんだ。退職金は結構まとまった金額だからね。

セールス：なるほど。従業員の退職金ということですね。御社では今、退職金の準備はどのようになっているのですか？

経営者　：退職金規定があってね。そんなに高額じゃないんだけど、定年退職すると一人1,500万円くらい支払うような規定になっている。

セールス：そうなんですね。そのための原資は何かで積み立てていらっしゃいますか？

経営者　：「中小企業退職金共済」に加入しているんだけれど、金額もお付き合い程度だから、ちょっとそれでは足りない状況だね。

セールス：なるほど。中小企業退職金共済とは別に、御社が負担する部分の退職金の原資が不安ということなのですね。

経営者　：そういうことだね。

セールス：社長もご存知かと思いますが、従業員の退職金は損金になりますよね。例えば、お一人1,500万円として、仮に２人退職すると3,000万円。これが、その年度の損金となりま

すので、その分、法人所得を圧縮してしまいます。退職者が複数出る年度は注意が必要ですね。

経営者：そうなんだ。退職金の支払いで赤字を計上するなんて、ちょっと格好がよくないからな。

セールス：なるほど。では、社長の目下の課題としますと、これから続く退職者への退職金原資の資金繰りをしておきたい、退職金支払いをしても決算書へのダメージは抑えたいということなんですね。

➡ ポイント③

経営者：そうだな…。他にもいろいろあるけれど、取り急ぎ何か手を打たなければいけないとすれば、その退職金のことだな。あまり時間もないし。

ファクトファインディング・ヒアリングのポイント

ここでの目的は **「経営者の関心事を特定し、問題解決手段としての生命保険提案につなげる」** ことです。

このステップでは、比較的時間をしっかりと取ることができますので、貴方は企業経営における生命保険の活用方法を丁寧にご説明しながら、経営者が最も関心を持った点について掘り下げていき、次回のプラン提示に必要な情報（保険金額設定の根拠・支払保険料の予算・被保険者や契約形態等）を手際よくヒアリングすることが必要です。

ポイント① 広めの話から徐々に絞り込んでいく

このトーク例では、企業経営に必要な３種の神器という話から、経営者が一番大切に考えていること（カネ）を確認し、その中で具体的な

資金をさらにヒアリングしていました。その結果、「数年後から始まる従業員退職金支払いの原資」という点に絞ることができました。

ここで、いきなり「経営者の役員退職金」や「経営者の死亡保障」の話をしていたら、どのような展開になったと思いますか?

経営者から見れば、関心事と違う話を延々と聞かされる羽目になるわけで、聞き終えた後、「とりあえず、その点は今は興味がない」という結論になることでしょう。

人は、「自分が聞きたい話しか聞く耳を持たない」ものです。ですから、**相手が何を聞きたいか、ということがはっきりとするまで、詳しい話をするのは我慢しましょう。**

とはいえ、経営者の中には、売り込まれることを警戒して、なかなか本音を出してくれない人もいます。そのために、貴方には「引き出し」が必要なのです。「引き出し」とは「役員退職金」「死亡保障」「事業承継」「相続対策」「従業員の福利厚生」等の、経営者が関心を持ちそうな話題（しかも生命保険につなげられるもの）を指します。

このような引き出しをたくさん持っていれば、話のとっかかりがつかみにくいケースでも、「では、○○の点についてはどうお考えですか?」という投げかけができます。

セールス技術の鉄則として、**なかなか本音を出さない相手には「限定質問」（YESかNOか、○か×かを問う質問）をします。**このような相手に「拡大質問」（相手に自由に話させる質問）をしてしまうと、相手のペースではぐらかされてしまうからです。

では、ここで、そのような経営者とのやり取りの例を見てみましょう。

> セールス：…ということで、経営には「ヒト・モノ・カネ」の３つ
> 　　　　　が必要と言われていますが、社長はどれが一番重要だとお
> 　　　　　考えですか？
> 経営者　：そうだねえ。どれも大事だね。うん。どれも欠かせない
> 　　　　　よ。この３つのバランスがきちんと取れて経営はうまく
> 　　　　　いくからね。
> セールス：なるほど…。バランスが取れているからこそ経営がうまく
> 　　　　　いく、ということですね。では仮に、この３つの中で、
> 　　　　　例えば、「カネ」に問題が生じた、と仮定してみましょ
> 　　　　　う。取引先が倒産するなどして、売掛金が回収できなくな
> 　　　　　った、というような場合です。このようなケースのため
> 　　　　　に、御社では何か資金的な備えはされていますか？
> 　　　　　→ YESかNOかを問う
> 経営者　：いや、そのような備えは特にしていないな…。
> セールス：例えば、そのようなケースで生命保険がお役に立った事例
> 　　　　　があります。

　このように、「引き出し」を多数持つことによって、先に進めにくい相手との商談でも突破口を見つけることができます。

　ここでいう「引き出し」はあくまで、経営者目線で心配であろう事柄のうち、生命保険で解決が可能なことです。

　例えば、「売上を増やしたい」と言われても、生命保険では手のうちようがありません。その点、「利益を増やしたい」「安定的に利益を計上したい」という点については生命保険の活用の余地が出てきます。
「従業員を採用したい」といわれても、生命保険で役に立てそうな点はありませんが、「従業員に定年まで安心して働いてほしい」「従業員に報いてあげたい」という点については生命保険が生かせそうです。

このように、経営者の関心事の中で生命保険によって解決できそうな事柄を具体的に貴方自身が検討しておくこと。これが「引き出し」を多く持つということなのです。

［ポイント②］　資金繰りは幅が広い

よく、経営者の最大の関心事は「資金繰り」であると言われます。しかし、資金繰りとは少々範囲が広い概念であり、売上金の回収、仕入れの支払い代金、従業員の給料、家賃や光熱費など、会社で出入りするお金全体を資金繰りと言います。

逆に言えば、資金繰りに関心のない経営者はいません。**資金繰りのなかで、特に優先順位の高い項目を発見する必要があります。**

このトーク例では、「従業員の退職金原資」が経営者の関心事ということがわかりました。この後、どのようなことをヒアリングしなければならないのかは、もう、おわかりでしょう。

会社の退職金規程、従業員の年齢の内訳、必要とする退職金額と時期、現在の準備資金、それに対して会社が負担できる予算……このようなことがわかれば、次回、貴方は「たたき台」としてのプランをお持ちすることができます。

［ポイント③］　経営者の関心事を要約しニーズの形で共有する

経営者の関心事を確認したら、そののち、それまでにやり取りしてきたことを要約して、「……したいということですね」というように「ニーズ」の形で表現し、それを経営者と共有します。

このトーク例では、従業員の高齢化が進んでいて、これから従業員の退職が相次ぐこと、従業員の退職金規定があり、その金額を払うための

原資が不足していること、退職者が続くと退職金支払いによって決算書にダメージが出ることなどが出てきました。

それを「従業員の退職金原資を計画的に準備することで、円滑に退職金支払いを行い、かつ決算書へのダメージを抑えたい」という**「経営者のニーズ」の言葉で置き換えることによって、貴方が次のステップで行うことの指針が明確になります**。また、それに加え、なんとなく思いつくままに話していた経営者も、心の中で「要するにそういうことなんだ！」と考えがまとまります。

次の「プレゼンテーション」では、このフレーズを冒頭に話すことで商談のスタートが切りやすくなります。

STEP 4 プレゼンテーション・クロージング

┃トーク例┃

セールス：本日はお時間をいただきましてありがとうございます。先日お伺いしました情報をもとに、社長が心配されている５年後からの従業員退職金の資金作りと、決算書へのダメージを抑えるためのご提案を作成してまいりました。まだ、たたき台でございますので、ご覧いただいたうえでご要望などを伺いたいと思います。よろしくお願いします。

➡ ポイント①

経営者：わかりました。

セールス：５年後からの退職予定者が５名、お一人あたり1,500万円の退職金をお支払いになるとのお話でしたね。合計で7,500万円の原資が必要ですが、そのうちの2,500万円は中退共で手当てできそうなので、残りの5,000万円を準備しておきたいということだったと思います。

社長：そうだね。

セールス：５年後からの退職者５名の退職金原資の不足分5,000万円をご準備する方法としまして、逓増定期保険という保険を使ってプランを作成いたしました。この保険は、万一の保障が契約当初は5,000万円となりますが、契約後８年経過後から保障額が増加していき、最終的には２億5,000万円まで大きくなる生命保険です。このように、だんだん大き

くなる、ということで「逓増」という名前がついています。

経営者　：ふーん。

セールス：この保険の年間保険料は約600万円となっており、税法により、保険料の６割を資産として計上し、残りの４割を損金に算入することが認められています。

経営者　：そうなんだ。

セールス：つまり、年間保険料は600万円ですが、240万円が損金に算入できるということになります。

経営者　：なるほどね。

セールス：この保険は、契約後から期間の経過にしたがって、解約をしたときにお戻しする金額、これを解約返戻金といいますが、これが徐々に積み立てられていく仕組みとなっております。例えば、５年目には約2,500万円、10年目には5,100万円となります。

経営者　：結構たまるんだね。

セールス：はい。これを原資として、退職者が出る都度、必要な分だけ一部ずつ解約することで、従業員様の退職金に充てることができます。

経営者　：これは、誰が対象になっている保険なの？

セールス：この保険の対象、つまり、被保険者は社長です。こうすることで、社長に万が一のことがあった場合に、保険金を会社が受け取ることができます。つまり、社長の万が一の保障と、従業員様の退職金原資の両方を一つの保険で効率的にカバーすることができるわけです。その結果、御社が退職金の資金繰りに苦慮することがなくなり、社長も安心して経営に専念することができます。

➡ ポイント②

経営者　：なるほどね。

セールス：ただ、こちらのご提案は、あくまで従業員様の退職金作り
　　　　　をメインに考えたご提案となっておりますので、従業員様
　　　　　が退職する都度、保険を少しずつ解約していくことになり
　　　　　ます。最終的には、社長の万が一のための保障はゼロにな
　　　　　ってしまいます。この段階で社長のご年齢は60歳となり
　　　　　ますので、ここから改めて生命保険をご検討なさるとする
　　　　　と、健康状態にもよりますが、ご加入いただけない可能性
　　　　　が出てきます。

経営者　：そうなんだ。

セールス：そこで、こちらの保険とは別に、社長の万が一のための保
　　　　　障と、社長ご自身の退職金や、会社経営で必要になる資金
　　　　　対策を兼ねて、もう一つのご提案をお持ちしております。
　　　　　こちらは99歳までの定期保険です。保障額は1億円で設
　　　　　計いたしました。

➡ ポイント③

経営者　：99歳？　そんなに長く社長なんてできないよ。

セールス：99歳までの保険は期間が長すぎる、とお考えなんですね。
　　　　　実は、このプランは、いったん保険期間を99歳に設定し
　　　　　ておき、保険の必要がなくなった時に解約する、という仕
　　　　　組みの保険なんです。保険の必要がなくなるときとは、ど
　　　　　ういうときだと思われますか？

経営者　：勇退するときかな？

セールス：おっしゃるとおりです。社長が会社をお子様に譲られ、勇
　　　　　退されるときにこの保険を解約しますと、先ほどの逓増定
　　　　　期保険と同様に、これまで積み立てられてきた解約返戻金

が戻ってまいります。そのお金は会社に支払われますので、それを原資として、社長の勇退退職金にすることができるのです。

　社長の勇退時期というのは、いろいろな外部環境や後継者の成長度合いなどで時期がずれることがあります。その観点から、いったん99歳までの長期間に保険を設定しておき、時期を見て解約するというプランなのです。

経営者　：退職金ねえ…。従業員の分は払わなきゃ、と思っていたけれど、自分の分はね…。どうなんだろうね…。

セールス：経営者の方は、そうおっしゃる方が多いですね。自分の経営する会社から退職金を受け取って引退するということが感覚的にピンと来ない、と皆さんおっしゃいます。一方で、勇退後の生活資金が心配で、いつまでも役員にとどまっておられる方もいらっしゃるようです。そうなると、後継者の一人立ちを遅らせてしまうかもしれませんよね。

経営者　：なるほど。いつまでも役員にとどまっている人は、退職金を準備していなかった、ということなのか…。やっぱり、やめるときはスパッとやめたほうがいいのかな…。

セールス：そうかもしれませんね。こちらの保険は、いつでも円滑な事業承継を行えるようにするための長期的な保障、というふうに考えることができると思います。10年以内の従業員退職金作り、そして、社長ご自身の事業承継対策、という観点で作成させていただいたプランです。

経営者　：なるほどね。よく考えてあるね。

セールス：ありがとうございます。例えば、保障額や保険料などの点で、ここをこうしたら…というようなご希望はおありでしょうか？

経営者　：そうねえ…。この２つを合わせると年間の保険料が約900
　　　　　万円か…。払っていけるかな。

セールス：今回は年払で提案書を作成してまいりましたが、月払での
　　　　　ご契約も可能です。そうしますと、月に75万円となりま
　　　　　す。こうすることで支出を平準化できますので、御社の資
　　　　　金操りにも組み入れやすくなります。

経営者　：なるほどね。まあ、ここのところ、利益は安定してるし、
　　　　　いずれにしても準備しなければいけないことだからな。

セールス：ほかに気になる点がないようでしたら、今後のお手続きの
　　　　　流れをご説明させていただいてよろしいでしょうか。
　　　　　➡ ポイント④

経営者　：手続き？

セールス：はい。今回のご提案内容で問題なし、ということでござい
　　　　　ましたら、今後のお手続きはこちらのような流れになりま
　　　　　す。本日、申込書に社印をいただき、後日、保険申込みに
　　　　　あたり必要な医師の診査をお受けいただきます。その結果
　　　　　が当社に送られてお引き受けの判断をさせていただき、問
　　　　　題がなければ、ここに記した保険料をお振込みいただいて
　　　　　ご契約手続きは完了です。医師の診査の結果によっては、
　　　　　保険料の割り増しや保障に制限がかかることもあります
　　　　　ので、その点はあらかじめご了承ください。

経営者　：そうなんだ。

セールス：この申込書をいただいても、御社から保険料のお振込みが
　　　　　あるまでは最終決定を保留できます。その間に他の役員の
　　　　　皆様にご説明されてはいかがでしょうか？　つまり、社長
　　　　　の健康状態に問題がなく、当社が間違いなくご契約をお引
　　　　　き受けさせていただきます、ということがすべて整ってか

　　　　ら、御社の最終判断をいただく、という流れです。

　経営者　：そうだな。そうしようか。

セールス：もし、よろしければ、他の役員様向けに、先ほどお話しし
　　　　　たプランの概要のご説明をさせていただきましょうか？

　経営者　：そうだな。お願いしようか。私ではうまく説明できそうも
　　　　　ないからな。

セールス：顧問税理士さんへのご説明もさせていただきますよ。

　経営者　：まあ、それは手続きが終わってからでいいや。

セールス：ありがとうございます。それでは…。

プレゼンテーション・クロージングのポイント

　さて、前回までのステップで、経営者の関心事を確認することができ
ました。貴方は、伺った情報に基づいて、経営者の考えている問題を解
決できる保険を設計して提案することになります。

　貴方もこれまでの経験からおわかりのとおり、生命保険契約をするこ
とは目的ではありません。生命保険はあくまで、経営者が考えている問
題を解決する「手段」の一つです。

　経営者にはその手段がいろいろとあります。従業員の退職金の積み立
てであれば、中小企業退職金共済の利用や、税引き後利益を貯める（内
部留保）こともできますし、銀行からの融資に頼ることもできます。
様々な選択肢の中から、貴方が提案する保険を活用した解決策が、あら
ゆる面から見て経済合理性にかなうということを訴求できなければ、プ
レゼンテーションはうまくいかないでしょう。

　経営者は、これまで様々なジャッジを自分でしてきた人です。貴方の
提案を受けると同時に、他に取りうる手段も頭に浮かんでいることでし

ょう。それら他の手段と比較してのメリット・デメリットにも触れなが
ら、貴方の提案があらゆる面で合理的であるとなれば、経営者は貴方の
提案を受け入れるでしょう。

［ポイント①］　前回までの商談の振り返り

　このステップは、いよいよこれまでの商談の集大成ともなる重要な場
面です。貴方が作ったプランが相手に満足してもらえるように、**はじめ
にこれまでの商談を振り返っておきましょう。**

　貴方が思うほど、相手は前回までの商談を覚えていません。ですから
「……したいということでしたね」という経営者のニーズの表現でこれ
までの商談を振り返り、「ああ、そうだったね」というところからス
タートします。

　そして、**保険プランはあくまでたたき台であるということを伝えてお
きましょう。**人はプランを提示されると、やはり「売り込まれる」とい
う警戒心を抱くものです。プランはたたき台として見ていただき、保障
額や保険料はいかようにも調整が可能であること、ほかに気になること
があれば追加することもできるということを説明し、経営者の判断を促
すようにします。

［ポイント②］　商品の「特徴」説明から「利点」のアピールへ

　保険プランの説明を始めると、どうしても保険のスペック（特徴）を
一生懸命に説明してしまいます。しかし、相手は「保険商品」そのもの
には興味はなく、その保険に加入することで自分がどのような安心（利
点）を手に入れられるかを考えています。ですから、保険プランの説明
の際には、**保険スペック（特徴）の説明はできるだけ簡潔に行い、その**

保険に加入することで得られる安心（利点）をしっかりと強調しておきます。

　ここで挙げたトーク例は、従業員の退職金を積み立てるための保険プランですが、この保険で退職金の準備ができた状態を、経営者の立場で考えてみることが大切です。

　従業員の退職金準備については心配がなくなるのですから、心配事の一つは片付いたことになります。心の中にあった不安の一つが解消し、より経営に専念することができるようになるわけです。

　その時の経営者の晴れやかな気持ちを想像し、この保険プランに加入することによってそのような状態になることができるということを、経営者にイメージさせることが重要なのです。

［ポイント③］　潜在的なリスクに気づかせる

　今回のトーク例では、従業員の退職金作りがメインのニーズでしたので、一つ目の保険プランはそれに即した内容で作成しました。しかし、そのプランはあくまで従業員の退職金のための保険なので、被保険者が経営者であっても、時期が来たら少しずつ解約されていき、最終的には経営者の保障は消滅してしまいます。その時の経営者の年齢を考えると、そこから改めて保険加入を検討することは体況的に難しくなるかもしれません。

　また、アプローチの際に、先代の社長が自社株の多くを保有していること、ゆくゆくは子供に後を継がせたい、というようなことが話題に出ていましたので、上記とは別に、経営者自身のための保険提案を合わせて行っています。

　二つ目のプランはあくまでオプションです。経営者の最も強いニーズは従業員の退職金作りでしたが、会社経営という観点では事業承継や利益の安定化という点も見逃せません。

　経営者の認識が高くないからといってリスクが低いわけではありませんから、**経営者のアドバイザーとして気になる点は「こういう考え方もあります」というオプションの位置づけで提案することで、ニーズ喚起につなげていくことができます。**

ポイント④　スムーズなクロージング

　保険プランの説明が終わり、質問が出ないようであればクロージングとなります。

　ここでは、以後の手続きについて説明していますが、これがそのままクロージングのトークになっていることがおわかりでしょうか？

　クロージングというと、「この内容でご加入いただけますか？」「この内容でよろしいでしょうか？」というYESかNOかの二者択一の投げかけをしがちです。しかし、そのことがセールスパーソンの心の中に、「その一言を発した瞬間にNOと言われたらどうしよう」という恐怖心を芽生えさせ、「うまくクロージングをかけられない」「クロージングは苦手」ということになるのではないでしょうか。

　ここは、あまり難しく考えずに、「プランに問題がなければ、契約までの流れをご説明させていただく」というようにし、相手が手続き面に対して納得しているようであれば、「それでは手続きに入らせていただいてよろしいですか」と声をかけます。

　これまでに経営者のニーズを確認して、それに合わせたプランを作成

し、説明を終えているのですから、**最後の最後に「大きな買い物の決断を迫る」ような、お互いにプレッシャーがかかってしまう言葉を投げかける必要はありません。**

　自信をもって淡々と手続きを開始することで貴方のクロージングは完了します。

証券内容確認と紹介依頼

┃トーク例┃

セールス：先日はお手続きいただきましてありがとうございました。お電話でお伝えしましたとおり、無事、当初の条件どおりにご契約は成立いたしました。

経営者　：ああ、そういえば昨日、保険証券が届いていたな。

セールス：ありがとうございます。先日のお申し込みの内容と間違いがないか、改めてご説明させていただきたいと思いますがよろしいですか？

経営者　：うん、頼むよ。

　　　　　＜中略＞

セールス：…ということで、これからもどうぞよろしくお願いいたします。

経営者　：そうね。時間のある時でも、また会社に寄ってよ。

セールス：ありがとうございます。生命保険というのは、先に保険料をいただくのですが、納品、つまり、保険金や解約返戻金のお支払いがずっと後になる商品です。ご契約はお付き合いの始まりです。最後まで責任を持って担当させていただきますのでよろしくお願いいたします。

経営者　：そうだね。これまでは、契約したらピタッと来なくなるセールスも多かったけれど、考えてみたら、お金だけ払って、いつ納品されるかわからない商品なんて、保険くらい

かもね。

セールス：はい。だからこそ、私たちは他の仕事をすることなく、生命保険専業で仕事をしています。

経営者　：なるほどね。

セールス：はい。これからは、保険のことだけでなくても構いません。経営を続けていかれるうえで何かお困りのことがありましたら、お気軽にお声掛けください。私にも経営者のお客様がたくさんいらっしゃいますので、何かお役に立てる場面があるかもしれません。

経営者　：そうですか。それは頼りにしてますよ。

セールス：承知いたしました。ところで、振り返りますと、わたくしが社長にお電話をさせていただき、ご面会の機会をいただいて今に至るわけですが、私の仕事は、このように新たなお客様とお会いしてビジネスをしていく、というものです。もし、社長のお知り合いで、今回のような話を聞いてみてもいいな、という方がいらっしゃれば、ぜひ、ご紹介していただけないでしょうか。

　　　　　➡ ポイント①

経営者　：紹介ねえ。確かに、あなたはほかのセールスとは違うものを持っているけれど、生命保険に加入してくれそうな人を紹介するとなると…。

セールス：いえ、生命保険に加入されるかどうかは考えていただかなくても結構です。社長の時と同じく、10分お時間をとっていただき、お話を聞いていただける方であれば、どなたでも結構です。

経営者　：そうねえ…。

セールス：社長、あちらのカレンダーはお取引先からのものですか？

→ ポイント②

経営者　：ああ、そうですね。うちの父の代からの取引先だね。この
　　　　　会社もうちと同じく２代目の社長だな。

セールス：では、あちらの会社の社長をご紹介いただけませんでしょ
　　　　　うか？

経営者　：ああ、いいよ。どうしたらいい？

セールス：それでは、「X生命の鈴木という人間がいる。無理に保険
　　　　　を売り込むような人間ではないし、10分だけ話を聞いて
　　　　　ほしいと言っているので会ってみてもらえないか。自分も
　　　　　彼の話を聞いて納得して生命保険に加入した」というふう
　　　　　に言っていただけませんか？　そのあと、私から改めて、
　　　　　お約束日時の打合せのための電話を入れさせていただき
　　　　　ますので。

→ ポイント③

経営者　：そのくらいでいいの？　じゃあ、今電話しておこうか。
　　　　　＜中略＞

経営者　：とりあえず会ってはくれるって。

セールス：ありがとうございます。社長にご迷惑のかかるようなこと
　　　　　は絶対にいたしません。また、途中経過をご報告させてい
　　　　　ただきます。

経営者　：そう。まあ、頑張ってみてよ。応援してるよ。

セールス：ありがとうございます。

証券内容確認と紹介依頼のポイント

　無事にご契約をいただいたからといって、気を抜いてはいけません。
保険契約は貴方にとってゴールかもしれませんが、お客様との関係にお

いてはスタートラインに立ったということです。

　お客様はいつか支払われる保険金や解約返戻金のために生命保険の保険料をこれからもずっと払うのです。万に一つも申込内容と保険証券に離齬がないか、丁寧に確認しておきましょう。

　よく考えていただきたいのですが、お客様の課題が解決され、経営に邁進していただくことができた今この瞬間こそが、お客様のニーズが満たされている幸せな状況なのです。この最高の状況を上手に活用してこそ、貴方は次のステップである「紹介」というプロセスに入っていくことができるのです。

［ポイント①］　紹介依頼ははっきりと口に出す

　貴方はご自身の会社で、優績者の講演を聞くことがあると思います。優績者の中には「自分から『紹介をください』とは言わない」という人が少なくありません。

　このような講演を聞くと、「そうか、優績者でも『紹介が欲しい』と言わないんだ」「確かに、そういう依頼をするとお客様との関係性が崩れてしまうな」「だとしたら、自分もそのようなことは言わないようにしよう」と考えてしまう人が出てもおかしくありません。

　しかし、このような話を真に受けてはいけません。優績者は、自分から「紹介が欲しい」と言わなくても紹介をもらえるから、自分から言っていないだけなのです。優績者はお客様の期待を超える商談をしているため、お客様が「自分の大切な人にも話を聞かせたい」と考えて紹介してくれているのです。

　例えば、レストランに入った時、テーブルに「店長宛アンケート」とペンが置いてあることがあります。料理や接客の感想などを書いてレジの横の箱に投函する仕組みです。このアンケートを貴方は書いたことがありますか？

　驚くほど料理がおいしくて、店員の接客もよく、価格もリーズナブルで、貴方自身が驚くようなことがあったら、おそらく、ペンをとってアンケートを書くはずです。そして、貴方の同僚に、「あの店はおすすめだ」ということを触れ回るはずです。なぜならば、貴方自身、そのようなお店はまた行きたいと思うわけで、客が集まらずに閉店してしまっては残念だ、と思うからです。だから、客足が途絶えぬよう、何かの折にそのお店のことを誰かに紹介し、応援する心理になるのです。

　紹介というのは、このようなプロセスから発生します。

　逆に、料理がまずくて、店員の接客も悪く、価格も高いと来れば、逆の意味でアンケートに手を伸ばすはずです。「二度と来ない」と。このような「逆紹介」も瞬く間に広がります。「あの店はやめた方がいい」と、貴方は聞かれなくても誰彼かまわず言うはずです。なぜならば、不愉快な思いをした貴方は、そのような店は客足が途絶えて商売にならず閉店してもらっても構わない、という心理になるからです。

　つまり、人が誰かに何かを紹介するのは、「期待以上に良かった」か、「期待をはるかに下回るほどダメだった」のいずれかであり、「期待どおり」であれば自ら積極的に「紹介」という行為に出ることはありません。

そこで、優績者の講演を思い出してみましょう。優績者の講演では細かなノウハウの全てが語られることは少ないですが、それらのノウハウの積み重ねでお客様に「この人には長く業界で活躍してほしいし、当社のことも面倒を見てほしい」と思わせることをしているのです。

貴方がそこまでのレベルに達していないとしたら、セールスの技術向上を目指すことはもちろんですが、**貴方の口から「紹介が欲しい」ということをはっきりと相手に伝える必要があります。**

貴方は常に新規のお客様を追い求める仕事をしています。見込み客の枯渇は、この業界からの退場を示しています。自分が常に新しいお客様を探す仕事をしていることを相手に理解してもらい、その協力者となってもらえるよう素直に依頼することが必要です。

［ポイント②］　社長室は紹介先の情報の宝庫

経営者の友達はみな経営者です。ですから、経営者の知り合いを紹介していただくのですが、「誰でもいいから紹介してください」では出る紹介も出ません。

そんな時には**社長室をぐるりと見渡してみましょう。取引先からもらったカレンダー、表彰状、創業記念のライターやクリスタルの灰皿、等々。ヒントはいくらでもあります。**

また、ゴルフ仲間や飲み仲間も同じく経営者であることが多いですから、ゴルフが得意な貴方であれば「空きがある時にご一緒させていただけませんか？」という紹介のもらい方もあるでしょう。

さらに「社長と同じような二代目の社長で、お知り合いの方はいらっしゃいませんか？」「御社が年間で一番お金を払っている会社はどちら

ですか？」といったアプローチでもよいでしょう。

ポイント③　紹介先にどのように自分のことを伝えてもらうか

　このトーク例のように、「無理に保険を提案する人間ではない」「10分間話を聞いてもらいたいと言っている」「自分も納得して保険に加入した」「後日、本人から電話をさせる」の4点を伝えてもらえれば、それ以上のことを言っていただく必要はないでしょう。

　貴方がテルアポをしたときに、紹介されて電話をしたということが伝えられて、経営者が電話口に出てくれることが当面の課題ですから。

クロージング

　クロージングとは、最終的な保険契約の判断をお客様がすることを指しますが、セールスパーソンの中には「クロージングが苦手」という方が少なくありません。「これでよろしいですか」の一言が言えない、お客様が考えている間の沈黙が苦手、クロージングを掛けた時の反論対処が苦手…等。人によりさまざまな理由を上げますが、クロージングが上手くいかない人の特徴は、「お客様のニーズを汲みきれていないプランを提示している」ということです。

　少し考えていただきたいのですが、貴方があるもの、例えば、新しいパソコンを購入するときのことを想定してみましょう。
　貴方の希望は次のようなものです。

> ・仕事でも使えるように携帯できるノート型のパソコンで重量は
> 　１kg以内
> ・バッテリーの駆動時間は８時間以上
> ・ワード・エクセル・パワーポイント等のビジネスソフトが搭載
> 　されている
> ・価格は10万円以内

　このような希望を持って電器店に行ったところ、次の３点を提示さ

れました。

	商品1	商品2	商品3
重量	0.9kg	1.0kg	1.5kg
バッテリー駆動時間	8時間	7時間	6時間
ビジネスソフト	あり	なし	なし
価格	99,800円	80,000円	120,000円

　まず、商品1は、貴方の希望をすべて満たしています。この商品を提示されたら、貴方は自分から、「これ、在庫はまだありますか？」と尋ねるはずです（このような顧客の反応を「バイイングシグナル（買ってもよいという合図）」と言います）。

　貴方のニーズをすべて満たしているわけですから、貴方が買わない理由はありません。この商品を提示した店員は、貴方に対してクロージングを掛ける必要はありません。じっと待っていればいいのです。

　商品3はどうでしょう。貴方の希望を何一つ満たしていません。いわゆる、「箸にも棒にもかかっていない」状態です。貴方がこの商品3を販売する店員だったら、方法はクロージングではなく、「説得」しかありません。ここに挙げた点以外でお客様にメリットを感じていただくしかないのです。

「この商品には、1年間のアフターサービス保証がついています」
「他の商品よりもお高いのですが、その分、ポイント還元率が他の2倍になっています」

「バッテリー駆動時間が短い分、予備のバッテリーを無料でお付けします」

　このように、商品そのものの勝負が不可能ですので、付帯サービスで振り向いてもらうしかありません。しかし、このやり方は、認可事業の生命保険では「特別利益の提供」になりかねませんので、おすすめはしません。なにより、このご時世、お客様の希望を何一つ満たしていない商品を、説得して販売することが許されるわけもありません。

　商品２はどうでしょう。貴方の希望する重量や価格は満たしていますが、バッテリー駆動時間は少々短めで、ビジネスソフトが付いていません。貴方がこの商品２を販売する店員だったらどうしますか？

「バッテリーは消耗品です。使っているうちに駆動時間は徐々に短くなりますので、新品の状態での１時間の違いは、使っているうちに気にならなくなります」
「ビジネスソフトが付いていない分、価格が抑えられています。ビジネスソフト付の商品と比べても２万円程度お安く出していますので、その差額で必要なソフトを同時に購入されてはいかがですか？」

　クロージングとは、お客様の希望のうち、いくつかは満たしていて、いくつかは満たしていない、という状況下で使うスキルです。希望を満たしている部分が、満たしていない部分を補ってあまりある状況であるということをお客様に理解いただくことがポイントです。
　例えば、貴方が提示している希望のうち、優先順位が最も高いのが

「価格」であれば、商品２の価格の安さは他の希望よりも優先度が高いことになります。他の欠点に目をつむっても価格が安いことに納得できれば購入に踏み切るはずです。

　つまり、お客様のニーズどおりの商品をご提案できれば、そもそもクロージングは不要で、お客様のほうから、「この保険に加入したいんですが…」となります。
　クロージングの段階でうまくいかない人は、お客様のニーズとかけ離れた提案をしているか、お客様のニーズの優先順位をとらえられていないために、正しい対処方法が取れていない、ということになります。

第7章

確実に
成約につなげるための
税理士対策

1 「最後の関門」となる 税理士について理解する

　貴方は、周りのセールスパーソンから「最後の最後に税理士の反対に あって案件がつぶれた」という話を聞いたことがありませんか？

　私たちが主なターゲットとする中小企業には、ほとんどの場合、「顧 問税理士」と呼ばれる人がついています。

　税理士は本来、法人の税務申告を代理するのが仕事ですが、会計記帳 の指導をはじめ、経営コンサルティングを行う税理士もいます。中小企 業経営者としても、税務申告についてだけでなく、「会社のお金まわり に関すること全般を相談する相手」として頼りにしているケースがあ り、**私たちが生命保険の提案をするときに注意が必要な相手**です。

　貴方が経営者保険のセールスを上手に進めてきたとして、**最後の最 後、肝心なところで税理士は登場してきます。**

　その「最後の関門」をクリアするには、税理士がどのような人たち で、どのようなメンタリティ、どんな収入基盤を持つのかを理解してお くことが必要となります。

　「敵を知れば百戦危うからず」です。

①税理士とはどのような人たちか？

　税理士は、税理士法に規定された「士業」の一つです。税理士法第1 条には、税理士の使命が以下のように定義されています。

> 　税理士は、税務に関する専門家として、独立した公正な立場にお
> いて、申告納税制度の理念にそって、納税義務者の信頼にこたえ、
> 租税に関する法令に規定された納税義務の適正な実現を図ることを
> 使命とする。

「税務に関する専門家」「独立した公正な立場」「納税者の信頼にこた
え」といった修飾語が並んでいますが、これらは主観的な要素が多く、
絶対的な判断は難しいものです。最終的には、最後の「納税義務の適正
な実現を図る」というところに最大の存在意義があるといえます。

　結果的に納税が適正でなかったとしたら、前段の修飾語をいくら満た
していても、税理士としてはその使命を全うしていないことになるわけ
です。

　**税理士の最大の関心事は、自らが関与する税務申告が、税法に照らし
て適正かどうかという点にある**と言えるでしょう。

②税理士の業務

　税理士には税理士法第2条で、以下の業務を独占的に行うことが認
められています。

> 一　税務代理（税務官公署（税関官署を除くものとし、国税不服審
> 判所を含むものとする。以下同じ。）に対する租税に関する法令若
> しくは行政不服審査法（昭和三十七年法律第百六十号）の規定に基
> づく申告、申請、請求若しくは不服申立て（これらに準ずるものと
> して政令で定める行為を含むものとし、酒税法（昭和二十八年法律
> 第六号）第二章の規定に係る申告、申請及び不服申立てを除くもの

とする。以下「申告等」という。）につき、又は当該申告等若しく
は税務官公署の調査若しくは処分に関し税務官公署に対してする主
張若しくは陳述につき、代理し、又は代行すること（次号の税務書
類の作成にとどまるものを除く。）をいう。）

二　税務書類の作成（税務官公署に対する申告等に係る申告書、申
請書、請求書、不服申立書その他租税に関する法令の規定に基づ
き、作成し、かつ、税務官公署に提出する書類（その作成に代えて
電磁的記録（電子的方式、磁気的方式その他の人の知覚によつては
認識することができない方式で作られる記録であつて、電子計算機
による情報処理の用に供されるものをいう。第三十四条第一項にお
いて同じ。）を作成する場合における当該電磁的記録を含む。以下
同じ。）で財務省令で定めるもの（以下「申告書等」という。）を作
成することをいう。）

三　税務相談（税務官公署に対する申告等、第一号に規定する主張
若しくは陳述又は申告書等の作成に関し、租税の課税標準等（国税
通則法（昭和三十七年法律第六十六号）第二条第六号イからへまで
に掲げる事項及び地方税に係るこれらに相当するものをいう。以下
同じ。）の計算に関する事項について相談に応ずることをいう。）

少々わかりにくい文章ですが、要は、①税務代理、②税務書類の作
成、③税務相談の３つが税理士の独占的業務だということです。これ
らをもう少し詳しく見ていきましょう。

①税務代理

税務代理とは、顧客の代理として、税務の申告手続きを行ったり、税

務署等の調査が入った時に対応することです。

　中小企業には数年に一度、所轄税務署の税務調査が入ります。どんな企業でも、意図的ではないにしろ、多少の「見解の相違」があって、申告した税金に誤りがあるケースが少なくありません。このような場合に、税務署と企業の間に立ってうまく立ち回ってくれる存在として、税理士は頼りにされています。

　特に、税務署OBの税理士は「税務署に顔が利く」と考えられています。ただ実際には、調査を行う税務署職員には転勤があり、人は入れ替わっていきますから、どこまで真実かは疑問です。仮に所轄税務署のOBだとしても、先輩・後輩関係によって顔が利くのは、退職後数年といったところではないでしょうか。

　そもそも、納税は全国民に課された義務であり、その運用は法律の根拠をもって執行されなければなりません。税務署が「ここは税務署OBが顧問税理士をしているから」という理由で税務調査に手心を加えることが（万が一）あったとしたら一大事です。

　黒いものは白にはなりませんので、OBだからと言って、その効果には自ずと限界があるということです。

②税務書類の作成

　税務書類の作成とは、法人税申告書の作成、経営者個人の確定申告書の作成等、実際に税務署に提出するための書類を作成する業務です。

　ちなみに、税理士というと「決算」というイメージをお持ちの方も多いと思いますが、税理士の本来業務は「納税のための書類を作成すること」であり、決算書などの財務書類を作成することは「本来業務」ではなく「付随的な業務」と位置付けられています。あくまで顧客サービスの一環として行われているに過ぎないわけです。

「決算書に関連した財務面のアドバイス」は税理士の独占業務ではな

く、誰が行ってもよいということになります。

　こうした書類の作成は、税理士の収入の中でもウエイトが高く、法人税申告書の作成で顧問料月額の3か月分前後、決算書作成で4か月分前後を徴収しているようです。

③税務相談

　皆さんの中には、顧客からの税務に関する質問を受けて、わかる範囲で答えている方も少なくないと思います。しかし、内容によっては注意が必要です。

　条文をご覧いただければわかるとおり、税務相談とは、「税務の申告や申告書等の作成に関する計算に関する事項について相談に応ずる」ことを指します。

　このうち「相談に応ずる」ということの範囲・内容については以前から議論の絶えないところであり、税理士法基本通達には、税務相談について次のような記述があります。

　法第2条第1項第3号に規定する「相談に応ずる」とは、同号に規定する事項について、具体的な質問に対して答弁し、指示し又は意見を表明することをいうものとする。

　つまり、「相談に応ずる」ということの中には、個別具体的な質問に対して答弁すること、指示すること、意見を表明すること等が含まれており、おそらく、皆さんが普段、顧客と行っている税務の質問・回答は、広い意味ではこの中に含まれる可能性があります。
「税理士のように報酬を得ているわけではないので問題ない」と考える方もいらっしゃるかもしれませんが、同じ通達には以下のような記述があります。

> 税理士法（以下「法」という。）第2条に規定する「税理士業務」とは、同条第1項各号に掲げる事務（電子情報処理組織を使用して行う事務を含む。）を行うことを業とする場合の当該事務をいうものとする。この場合において、「業とする」とは、当該事務を反復継続して行い、又は反復継続して行う意思をもって行うことをいい、必ずしも有償であることを要しないものとし、国税又は地方税に関する行政事務に従事する者がその行政事務を遂行するために必要な限度において当該事務を行う場合には、これに該当しないものとする。

ご覧のとおり、税務相談を無償で行っているとしても、その行為が「反復継続されている」状態であれば「業として」行われていると言われる可能性があるのです。

恐らく、税務の質問に答えている貴方の対応について、注意が必要なのはそのお客様の背後にいる顧問税理士の存在です。

税法に従って、誰でも同じ結果が導き出せる程度の質問に答えることまでを「税理士法違反」と騒ぎたてる税理士はいないと思いますが、**回答にあたって、評価や解釈が必要となることについては、税理士の独占業務に抵触する可能性が出てきます。**

そのような回答や書面を顧客に提示した場合、顧問税理士がそれを発見し、「これは税理士法に抵触するのではないか」などと騒ぎ出すことになれば、貴方も仕事がやりにくくなることでしょう。

この点については、所属保険会社で、「どこまで対応できるか」という点について弁護士確認等を取得しているケースがありますので、一度確認されるとよいでしょう。

③税理士の顧問料

　税理士のメンタリティを理解するために、その報酬体系を知っておくことも重要です。

　よく、「顧問税理士」といわれますが、税理士の多くは特定企業と「顧問契約」を結んでいます。そして、毎月一定額の顧問料を受け取っており、それが税理士の大きな収入源となります。

　最近では、税理士等の「士業」と呼ばれる人たちも競争が厳しくなってきており、顧問料のダンピングも盛んに行われているようです。企業規模にもよりますが、1社当たりの顧問料は月額3万～5万円前後と言われています。

　仮に月額5万円として、年間60万円。これは単純に顧問料として受け取りますので、決算時期の法人税の申告書作成料や決算書作成報酬は別途請求です。また、経営者個人の確定申告書作成も別料金となりますので、1社当たり年間100万円前後を受け取っていると考えられるでしょう。

　このような顧問契約が10社で年収1,000万円、20社で年収2,000万円、という計算になります。

　税理士事務所を訪問したことがある方もいらっしゃると思いますが、現在の帳簿はほとんどがパソコンへの入力です。会計ソフトも進化しており、日々の仕訳を入力すれば、ほとんど自動的に決算書や申告書まで作成してくれます。

　それを入力するオペレーターとしてパートを雇っていたり、税理士の家族がやっていたりしますが、小規模な税理士事務所であれば1人か2人いれば事足ります。

④税理士の種類

　税理士には大きく分けて 3 つの種類があります。基本的に、税務署に一定期間勤務していたか、難関と言われる税理士試験に合格した人たちが税理士の切符を手にします。

①税務署OB

　税務職員・国税専門官として23年以上勤務すると、税理士試験が全科目免除されます。全国に約 6 万人いる税理士の半数がこの税務署OBと言われています。

　税務署を定年後、あるいは定年の少し前に税理士に転換するので、税務署OBの税理士の平均年齢は比較的高く、60歳を超えています。税理士OBの税理士で組織された団体「桜友会」に所属しています。

　もともと「税金を徴収する側」にいた人たちなので、「節税」という行為にナーバスな人が少なくありません。そもそも「税金は正しく納めるべきもの」という発想に立ちがちで、**生命保険を活用した過度な節税手法に異議を唱える方もいる**ようです。

　税務署職員の時代には、そのような案件を調査して追徴課税したりしてきたわけですから、税務調査の勘所やギリギリのラインは理解しているかもしれませんが、私たちの保険セールスでは、節税だけでなく、保険の本質を正しく提案している限りにおいては、特に恐れる必要はありません。

②試験合格者（個人事務所）

　平均合格率10%台の難関試験を突破して税理士になった人たちです。税務署OBの「桜友会」に対して、「専税協」「全国青年税理士連盟」という試験合格税理士の団体が別に存在することから見ても、同じ税理士

とはいえ、税務署OBの税理士とは一線を画した存在であることがうかがえます。

　比較的若い人が多く、「法人税」「資産税」「コンサルティング」「FP」等の得意分野をアピールして特徴を出していることが多いようです。また、生命保険を活用した企業防衛に対しても好意的にとらえる人がいる一方、保険税務は税理士試験の必須科目ではありませんから、ほとんど知識を持ち合わせていないケースもありますので注意が必要です。

③試験合格者（大手税理士法人）

　日本には約2,000の税理士法人があります。ある程度の規模で大手企業から中堅企業を中心に関与先を持っていますので、私たちが主なターゲットとしている中小企業で出くわすことは少ないかもしれません。

　税理士試験は1科目ずつ合格していくことができるため、将来の全科目合格を目指して、従業員として勤務しながら勉強と実務経験を積んできた人が多いようです。

　異なる得意分野の税理士がチームを組んで顧客対応できる点が強みです。

経営者保険のセールスで税理士対策が必要な理由

生命保険の提案をすると、経営者から次のように言われることがあります。

「プランについてはよくわかりました。念のため、顧問税理士に相談して、後日回答させていただきます。」

私自身、営業にいた時には何度となくこのセリフを聞きました。それまで、様々なやりとりをして、お客様のニーズに沿った提案ができたというのに、最後の最期、税理士にその命運が委ねられてしまうのです。

1週間後、不安が入り混じる中、勇気を出して電話をしてみると、案の定、経営者から次のような回答が返ってきます。

「先日の件ですが、顧問税理士に確認したところ、やめておいた方がいい、ということになりまして…。あの話はなかったことにしてもらえますか」

このような経験をすることによって、私は税理士対策の重要性を痛感しました。こうした事態を避けるには、事前に打つべき手があります。それにはまず、以下の3つのことを理解しておくことです。

> ・経営者は、なぜ「税理士に相談する」というのか？
>
> ・経営者は、税理士にどのように相談しているのか？
>
> ・相談を受けた税理士はどのように対応しているのか？

皆さんが経営者・税理士になったつもりで考えてみましょう。

①経営者は、なぜ「税理士に相談する」というのか？

皆さんが何かの購入をすすめられたとき、特にそれが高価なもの（家や車など）である場合には、「妻（夫）に相談する」と言うことがあると思います。どうしてそのような行動に出るかを冷静に考えてみましょう。おそらく、その理由は以下の３つだと思います。

理由Ａ：妻（夫）に相談せずに独断で購入すると文句を言われる（怒られる）
理由Ｂ：この商品については妻（夫）が詳しいので意見を聞きたい
理由Ｃ：購入を断る「単なる口実」

こんなところではないでしょうか？　経営者保険のセールスに、これを当てはめてみましょう。

＜理由Ａ＞

例えば、経営者が税理士に無断で皆さんの提案を決めてしまうと、その会社のお金まわりのことを一通り見てくれている税理士から「なぜこんな契約をしたんですか？」「どうして一言相談してくれなかったんですか？」などと詰め寄られてしまう可能性があります。

税理士は企業の「金庫番」だと考えてください。金庫の中に入っているお金はその会社のものですが、その出入りを厳正に管理するのが自分の仕事だと税理士は考えています。

特に、損金性の生命保険の場合には、法人所得を減らし、法人税も減少してしまうため、税理士の業務に直接的な影響を与えます。

税理士は、当該企業の税務申告に責任を負っています。特に、法人税を減少させてしまう「損金」について、税務署から詳細を問われれば、その支出の妥当性・合理性を自ら答弁しなくてはなりません。その観点で、説明のしにくい案件はできるだけ排除したい、というのが偽らざる本音です。

「税務調査が入った時に何て申し開きをするつもりですか？」
「何かあっても責任は持てませんよ」

などと言われてしまうと、経営者も大変不安になります。

ご存知の方も多いと思いますが、税務署というのは、住所地によってすべて管轄区域が定まっています。管轄区域のことは（私たちの想像以上に）熟知しています。ある会社が、昨年に比べて申告する法人税を大きく減らしているとすれば、当然ですが、その理由は何か、ということが関心事となるでしょう。

税務署は「徴税」が使命ですから、徴税額が大きく減少している法人があれば、その理由を調べたくなるのは当然です。顧問税理士としては、生命保険に加入したことがきっかけで、税務調査に入られるようなことがあれば、余計な仕事が増えるだけですから、迷惑千万な話です。

よほど生命保険に理解がある税理士でもない限り、**皆さんの提案は税理士には「余計な仕事」としか見られていない可能性がある**ということを理解しておきましょう。

＜理由Ｂ＞

生命保険は、税法の規定に従って、支払保険料の全額・一部を損金に算入することができますので、その分、法人所得を減らし、法人税額を

減少させます。

　しかし、このことが経営者に「税理士に相談しなければ」という心理的プレッシャーを与えているという点に留意が必要です。

　経営者は、何のために「顧問税理士」を雇っているかおわかりですか？

　税務というのは極めて複雑で、毎年のように改正があります。多少勉強した人でも、毎年の改正にキャッチアップし、ミスのない納税をすることは大変な努力を要します。

　経営者は、自前で税務に精通した社員を育成したり雇用するよりも、少なくない顧問料を払ってでも、税理士に顧問になってもらった方が経済合理性の観点で優れているという判断をしているから税理士と「顧問契約」を結んでいるのです。

　皆さんが税務を強調すればするほど、保険の提案は「税務の提案」に近づいていきます。そうなれば、せっかく顧問料を払っているわけですから、「税務の提案」については「税務の専門家」の意見を聞いておこう、ということになるのは当然です。

　経営者は、経営に関するジャッジをするのが仕事です。しかし、税務のジャッジは顧問料を払っている税理士の仕事です。ですから、経営者保険をおすすめする場合には、**税務の話に終始するのではなく、「経営」の視点で捉えていただき、「保険加入が経営に有益である」ということを理解いただく必要があります。**

＜理由Ｃ＞

　断りの口実として「税理士に相談する」という人もいます。こういえば、セールスパーソンもあきらめるだろう、と考えているからです。

　この場合は、貴方の提案自体に問題がある可能性があります。経営者

は、貴方の提案に乗り気がしないだけなのかもしれません。

これまでの商談を振り返ってみてください。どのようにアプローチしましたか？　実情調査では十分に経営者の関心事をとらえられましたか？

例えば、中小企業経営者の最大の関心事は「資金繰り」と言われています。しかし、「資金繰り」というと事業で使う資金全般のことが含まれますので、相当に広い的（まと）です。例えば、「5年後から増加する退職者のための退職金積み立て」というように、資金繰りの中でも何が心配なのか、ということを正しく探り出さなくては、ニーズに即したプランの提案はできません。

経営者にとって乗り気がしない提案になっているとしたら、貴方が提示したプランの的が外れている（または関心事を十分にヒアリングできていない）可能性があるのです。

②経営者はどのように税理士に相談しているのか？

言うまでもなく、経営者は「生命保険のプロフェッショナル」ではありませんから、**貴方が提案したプランを、貴方と同じレベルで第三者に伝えることができることを期待してはいけません。**
「税理士に相談してみるよ」と言われて、貴方がいなくなった後、経営者は税理士に電話をかけて、次のように話しているはずです。

「先生、いつもお世話になっております。今日、○○生命のセールスの方から、経営者保険の提案を受けたんです。従業員の退職金積立に効果があるということですが、どう思いますか？」

貴方がどんなにプランの詳細を力説しても、生命保険に詳しくない経

営者は、その説明のなかで自分の関心のある部分、興味を持った部分だけを簡潔に税理士に伝えてしまいます。

予備知識のない状態で、上記のような説明を聞けば、おそらく多くの税理士は以下のような答えをするでしょう。

「ちょっと待ってください。税務調査が入っても、ちゃんと説明できる内容なんですか？」

税理士にとって怖いことは、自分が関与した決算・納税に関して、税務当局と見解の相違があって修正申告・追徴課税されることではないでしょうか？ 最悪の場合、顧問契約解除、損害賠償請求などとなっては目も当てられません。顧問先を1社失えば、年収が数十万円減ることになるのです。地域密着でやっている税理士であれば、そのような風評が立ってしまうと、その地域での仕事ができなくなるかもしれません。

税理士の使命は、税理士法第1条にあるとおり、税務の申告が「適正かどうか」という点に帰結するのです。その観点では、よくわからない生命保険加入で税務署ににらまれたくない、というように考えるのも無理はありません。

③相談を受けた税理士はどのように対応しているのか？

前述の「税理士の種類」で触れましたが、税理士になるには、税務署で一定期間勤務したか、難関の試験に合格するか、のいずれかが必要です。では、税務署員であれば、全員がすべての税務に精通しているのでしょうか？ また、税理士試験はすべての税務を網羅しているでしょうか？

　私が営業にいた時、３月が近づくと毎年恒例のことが発生しました。決算を控えた企業の顧問税理士から、「○社が昨年加入した生命保険の仕訳表を出してほしい」といった依頼が山ほど来るのです。

　個別具体的な税務について、私たち保険会社の者が無資格で回答することは、本来であれば税理士法に抵触する恐れがある行為です。しかし、保険税務のことを知らない税理士自身が、そのようなことを私たちに要求している実態があるのです。

　試験合格者であっても、必須科目の法人税や所得税以外は「合格しやすい科目」を受験する傾向にありますので、「相続税」のような難関科目は避ける傾向にあるようで、相続税に詳しくない税理士も少なくありません。また、「保険税務」はそもそも、税理士試験には受験科目として単独で存在していません。

　結果として、保険税務に詳しくない税理士が多数誕生します。そうした税理士が経営者から相談を受けると、このように対応している可能性があるのです。

「社長、生命保険は加入の仕方によっては損金を否認されて、追徴課税されているケースもあるようですから、なんでも手を出さない方がいいですよ」
（本音＝保険税務は詳しくないから自信がないんだよな…）

　結果として、生命保険セールスに対して、あからさまに「面倒くさい」という態度をとる税理士もいます。彼らは、私たちのことを、新たに仕訳をしなければならない面倒な案件を持ってきた、くらいにしか思っていないのです。

また、**税理士の中には、特定の生命保険セールスパーソンと提携関係にあるケースも存在します。**

　このような場合には、せっかく皆さんがニーズ喚起して成約間近となった契約を、次のように横取りされてしまうことがあります。

「保険加入を検討されているんですか？　保険なら私が懇意にしているセールスがいますのでご紹介しますよ。保険は加入した後のメンテナンスが重要ですから、うちの事務所でもしっかりとお世話できますよ」

「保険は、税務調査の時に特に詳しく調べられます。そのあたりをよくわかっているセールスから加入しておいたほうが後々のためですよ」

　中には、「この保険に加入したことで、今後、税務調査が入った場合に貴方は全責任を負えますか？」といった脅迫めいた言動で保険セールスを追い返す税理士がいるようです。

　このように言われても、皆さんが正しいことをしているのであれば、ひるむ必要はまったくありません。

3 貴方の商談を妨害されないための対策

　ここまで説明した、「税理士とはどのような人たちなのか」「実際の商談において、経営者はどのように税理士に相談しているのか」という点を踏まえ、貴方の商談を税理士に妨害されないための対策を挙げると、以下のとおりとなります。

　○経営者保険の提案時に税効果を強調しすぎない。
　○「税理士に相談する」と言われたら必ず同席を申し出る。

　文章にしてみると、「なんだ、そんなことか」と思われるかもしれませんが、この2点を押さえるだけで、結果は明らかに変わります。

　貴方が経営者保険を提案する際、税効果を強調すればするほど、提案を単なる「税務の提案」に近づけてしまい、税理士の専門分野に足を踏み入れてしまう、ということを理解しておきましょう。

　貴方の提案が「税務の提案」となれば、当然ながら、税務的な見解を求められて税理士が登場してきます。

　まずは、貴方の商談に税理士を登場させないこと。契約が成立するまでの間、税理士が出てくる隙を与えないことが、税理士対策の最大のポイントです。

　そのためには、**貴方の提案が、会社の経営課題を解決する手段であるという「経営目線での提案」になっていなくてはいけません。**生命保険の加入が「経営として」必要である、ということになれば、経営者は税

理士に相談せずに自分で決定するでしょう。

　また、「税理士に相談する」という言葉が出ても、ひるんではいけません。「自分はとても税理士となんか対峙できない」と不安になってしまう方も少なくないと思いますが、心配には及びません。税理士と話をするうえで必要な共通言語は「簿記３級」レベルです。
　皆さんも、この世界でプロフェッショナルを自認しているのであれば、「保険のプロ」として税務のプロに向き合えばよいのです。

> 「それでは、私も同席させてください。保険税務の詳しい説明は私から税理士にさせていただきますので」

　このように言いましょう。単なる断りとして「税理士に相談する」と言っている経営者であれば、「いや…」ということになるはずです。
　そうなれば今度は、

> 「もしかして、今回のご提案自体に、まだ社長のご希望が十分に反映されていない部分があるでしょうか？　もしよろしければ、詳しくお伺いできませんか？」

　と話すことで、皆さんの提案を見直すチャンスを作ることができます。

　一方、「それじゃ、貴方から税理士にプランを説明してもらおうかな」ということになれば、ゴールはほとんど目前です。経営者が、皆さんの提案を採用することを真剣に考えてくれている証拠です。

実際に税理士に向き合った際には、皆さんは次のように堂々と説明しましょう。

> 「社長とはすでに何度となく本件について打合せをさせていただいておりますが、会社が現在抱える課題を解決する手段として、この生命保険を活用することがもっとも合理的であるという結論に至りました」

> 「先生にはお手数をおかけしますが、この保険契約に関する仕訳例・税務処理を解説した資料をお持ちしましたので、ご契約後はこの内容を参考に処理いただきたいと存じます。」

　生命保険の契約は、経営課題の解決手段としてすでに合意済みのことであり、税理士にはその処理を適正に行ってほしい、というスタンスを強調するのです。

このように対応することにより、

①保険税務に詳しくない税理士でも、仕訳等の資料があればそのとおり処理を行えるため不満が出ない

②経営者の目の前ならば、税理士が自分の提携先等の生命保険を提案し、案件を横取りすることを防ぐことができる

というメリットが得られます。

対策の最終的ゴールは
税理士を味方に付けること

　ここまで、「税理士対策」というテーマで説明をしてきましたが、税理士を「敵」と考える必要はありません。むしろ、**その企業の経営を支えていくチームパートナーとして友好な関係を築くべきです。**

　ですから、喧嘩腰になる必要はありませんし、以後の良好な関係構築を視野に、節度を持って接していくことが重要です。

　ただし、一方的に見下されたり、何かを命令されるような相手ではありません。皆さんは「保険のプロフェッショナル」として、自らを卑下することなく、いつもどおりにふるまえばよいのです。

　場合によっては、税理士が皆さんの提案した内容や対応力を評価してくれて、自分の顧問先を紹介してくれるようなケースもあります。

　企業が顧問契約を結ぶ士業といえば、「顧問弁護士」「顧問税理士」「顧問社労士」……等がありますが、おそらく、「顧問税理士」が最も多いでしょう。それだけ税理士は、中小企業経営者にとって「良き相談相手」であるということです。

　税理士を味方に付けること。これが、税理士対策の最終的なゴールと言えるでしょう。

独りよがりの判断は禁物

　私は仕事柄、セールスパーソンからこのような質問を受けることがあります。

　税法を読み、それについて「こんな解釈ができるのではないか」と考えた、プラス思考（？）の質問です。質問者がお客様の役に立とうという気持ちになっていることが十分に感じられます。

　税務というのは、全てのことを網羅的に規定しているわけではありませんので、税法に明確に定義されていないから「これはひょっとしたら大丈夫ではないか？」「税務署もここまでは調べないだろう」というように考えてしまいがちです。しかし、そのような貴方の個人的な見解（しかも楽観的な見解）は極めて危険です。

　セールスパーソンからこのような質問が出てくる事象は、たいてい、法律に明文化されていないグレーな部分です。人によって言うことが違います。

　例えば、優績者が「そんなの大丈夫だよ」と言ったとしても、貴方は、自分がその責任を自分自身が取れるか、と常に考えなくてはいけません。グレーな部分に関しては、税務署は常に、「付保目的に照らして尋常ならざる手段を用いていないか」という観点で「租税回避行為」認定の大鉈を振るう権限を持っていることを忘れてはいけません。

また、往々にして発生するのは税制の改正です。

　納税は国民の義務だけに、税法で「どのような時に誰に課税するか」ということが厳格に定められている必要がありますが、前述のとおり、税法は全てのケースを想定して定められてはいませんので、どうしても「規定されていない事柄」が発生します。

　そこに目をつけて節税を図る人が増えてくれば、国税庁は新たな税法を作ったり、税制を改正して網を掛けようとします。

　税制が改正されるたびに貴方の提案プランが使い物にならなくなる、ということがないように、税法の隙間を縫った提案は「いつか改正されるかもしれない」と用心して取り組むようにしましょう。

　「天網恢恢疎にして漏らさず」です。

レベルアップのための補講

①企業会計概論
②決算書の基礎知識

企業会計概論

①財務会計と税務会計

　貴方が、経営者保険に取り組むにあたって、「保険の税務処理（経理処理）を正しく伝えることができればそれでいい」とお考えならば、ここは読み飛ばしていただいて結構です。しかし、「経営者と決算書の話ができるようになりたい」「企業の財務に詳しくなりたい」とお考えであれば、企業会計に詳しくなるための入り口・入門編として本稿をお読みください。

　会計と言われるものには2種類あります。**決算書を作るための「財務会計（企業会計）」** と、**法人税申告のための「税務会計」** です。この2種類は以下のような関係になっています。

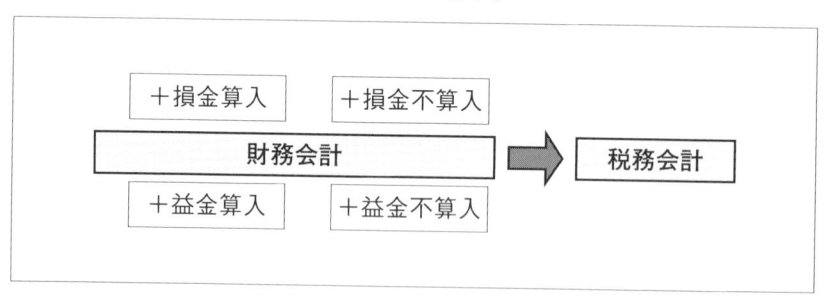

　財務会計を基本として、そこに税務上の「損金算入」「損金不算入」「益金算入」「益金不算入」という処理を経て、税務上の「所得」を計算します。基本は財務会計ということになりますが、法人税を申告するた

めには税務上の一定の処理を経なければ法人税の計算ができません。

どうしてこのような仕組みになっているのか。以下で解説します。

ポイント1 費用≠損金

例えば、製造業の会社が、新たに工作機械を導入して生産性を高めたい、と考えたとしましょう。その機械の値段は1億円です。この会社が機械を現金で購入すれば、現金が1億円会社から出ていきます。

このように、事業運営上必要な支出を財務会計上の「費用」といいます。しかし、**この費用は一部しか税務上の「損金」にできません。**

これが、企業会計を学ぶうえで押さえておくべき第1のポイントです。

どういうことかと言えば、1億円の機械を購入しても、その機械が1年で使えなくなるということはありません。大抵は数年間にわたって機械は稼働し、その間は会社の生産性を高めてくれることになります。

仮にその機械が5年間使えるものだとした場合、1年分は1億円÷5年＝2,000万円ということになります。つまり、その機械が売上に貢献するとして、その売上を上げるために要した1年あたりの必要経費は2,000万円というように考えるのです。

このような考え方を**「減価償却」**といい、機械の種類によって「法定償却年数」が定められています。そして、機械の購入費用をその法定償却年数で案分した1年分だけを、企業は「損金」にできることになっています。

それでは、残りの8,000万円はどうなるかというと、現金や在庫の商品と同様に、会社の「資産」として計上しておきます。そして、翌年度

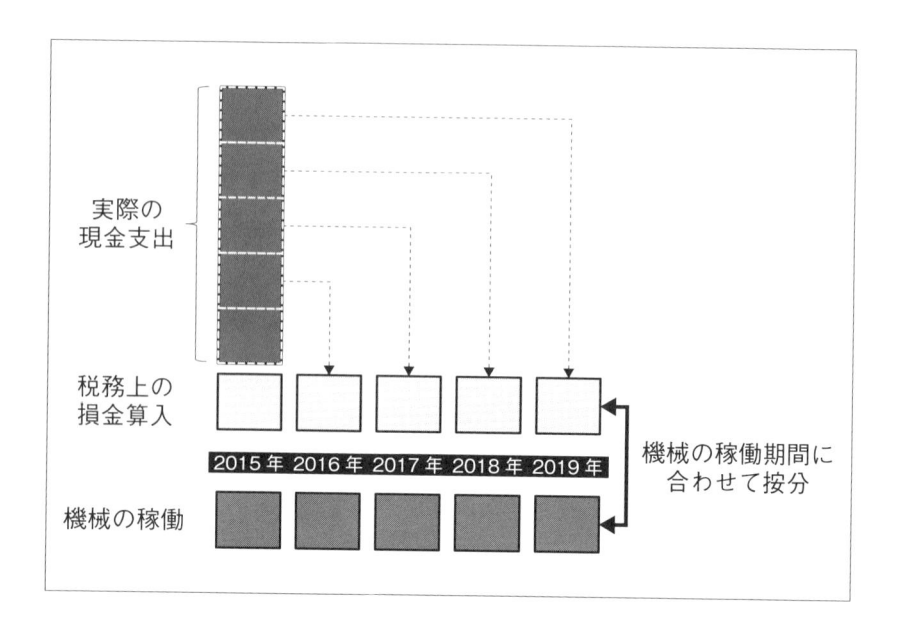

実際の
現金支出

税務上の
損金算入

2015年　2016年　2017年　2018年　2019年

機械の稼働期間に
合わせて按分

機械の稼働

に2,000万円、その次の年度に2,000万円……というように資産に計上している金額を毎年取り崩していき損金に算入していくのです（上図参照）。

　なぜ、このような面倒なことをするかというと、税負担を減少させるために、決算が近くなってからあわてて高額な買い物をする法人があるからです。

　今期1億円の利益となる法人が、1億円の機械を購入して、仮に全額損金算入することが認められるとすれば、その年度の法人所得はゼロとなります。法人税は法人所得に税率を掛けて計算しますので、ゼロに何を掛けてもゼロということになります。つまり、法人税を払わなくてもよくなるのです。

　このようなことが許されるとすれば、利益が出そうな法人は、決算が近づいたら一斉に事業に必要な機械や資材を購入することでしょう。こ

うなってしまうと、法人税を支払う法人はなくなってしまいます。

　そこで税法では、機械の購入など、複数年にわたって会社の業績に貢献する資産を購入した場合には、**購入した時に全額を必要経費にするのではなく、あらかじめ定めた年数で必要経費とすることを求めている**のです。

　先ほどの事例でいうと、１億円の利益の法人が１億円の機械を購入しても、５年間にわたって減価償却するのであれば、今年度の損金に算入できる金額は2,000万円です。残りの8,000万円は「損金不算入」ということになりますので、資産に計上しておき、翌年度以降に改めて損金に算入するという考え方です。これが「損金算入」と「資産計上」という概念です。

　よって、その会社の今期の法人所得は、１億円－2,000万円＝8,000万円という計算になり、これに30％の法人税率を掛けて2,400万円ほどの法人税を払うことになります。

　利益を消すために高額な買い物をしても、このように日本の税制では、法人税は一定部分しか安くならない仕組みになっているのです。

　実際には、法定耐用年数は機械の種類によって細かく定められており、また、毎年定額を償却するのではなく、定率法という一定率を掛けて損金に算入する方法も採用されているなど、いろいろ細かなルールがあります。

　ただ、貴方は税理士ではありませんので、そこまで詳細に理解する必要はないでしょう。費用イコール損金とはならないこと、そして、企業にとっての「減価償却」「損金算入」「損金不算入」「資産計上」とはどういうことなのか、といった要点が押さえられていれば問題ありません。

ポイント2 収益≠益金

ポイント1で取り上げた損金と同様に、益金についても同じような考え方があります。

例えば、法人契約の生命保険をかけていて、被保険者が死亡した場合、会社は死亡保険金を受け取ります。会社に入ってきたお金は、売上のお金と同様、会社の収益になります。

しかし、税務上は、**受け取った全額が益金になるとは限りません**。

生命保険は本書でも述べたように、保険種類によって支払保険料は「全額損金」「○%算入・○%資産計上」「全額資産計上」などと定められています。しかし、保険金や解約返戻金を受け取る場合には、保険種類にかかわりなく、以下の算式で益金を計算することになります。

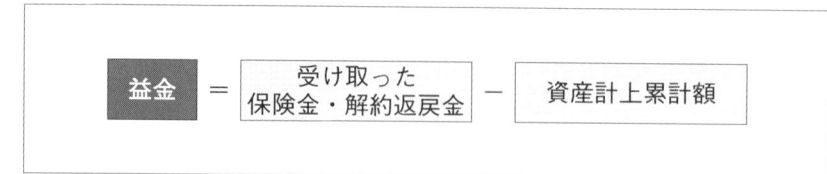

全額損金算入の保険には、資産計上部分はありません。ですから、受け取った保険金・解約返戻金は全額益金になります。

しかし、終身保険のように全額資産計上の保険は、それまで支払ってきた生命保険料全額が資産計上されています。よって、受け取った保険金・解約返戻金からこの保険料全額を差し引いた金額だけが「その保険契約における利益」とみなされ益金に算入されます。（第2章－3－（2）参照）

例えば、受取保険金が1億円、資産計上累計額が7,000万円の終身保険の場合、会社に入ってくる財務会計上の収益は1億円ですが、税務会計上の益金は1億円－7,000万円で3,000万円ということになります。

　1億円の保険金を受け取っても、税務上は3,000万円しか受け取っていないことになるのです。

　この場合、1億円の保険金を受け取っても、3,000万円のみ益金に算入し、7,000万円は益金に不算入という処理を行うことになります。

　全額資産計上の生命保険は、保険料を支払う際に損金算入部分がないので、法人所得を減らす効果はありません。しかし、保険金を受け取る際には、一部の金額しか法人所得に加わらないという点でメリットがあるわけです。

　一方、全額損金算入の生命保険に加入していて死亡保険金を受け取ると、資産計上累計額はゼロですから、保険金の全額が益金ということになります。

　全額損金算入の生命保険は、保険料を支払う際に法人所得を減らしてくれることで法人税が減少します。しかし、保険金を受け取る際には全額法人所得に加わり、そこで法人税が課せられる仕組みになっているのです。

ポイント3　利益≠所得

　会社が受け取ったお金から支払ったお金を差し引くと、最終的な会社の儲けが計算できます。これを財務会計では利益といい、税務会計では所得といいます。

	財務会計	税務会計
会社が受け取るお金	収益	益金
会社が支払うお金	費用	損金
残ったお金	利益	所得

「会社が受け取るお金」「支払うお金」「残ったお金」という考え方は財務会計も税務会計も同じですが、前述のとおり、安易な節税を横行させないという観点で、財務会計をベースとしながら「益金算入・不算入」「損金算入・不算入」という税務上の調整を経て法人所得を計算します。

ですから、**決算書上の「利益」と税務申告上の「所得」の金額は通常一致しません。**

経営者は、決算書をよく見せたいので、財務会計上の「利益」はあげたがります。「利益」がしっかりあがっている会社はいわゆる優良企業ですから、金融機関もお金を貸してくれるようになりますし、官公庁などと取引していれば決算書の提出を求められることがありますので、決算書がよいことは営業の進展につながるからです。

しかし、税務会計上の「法人所得」を増やしても法人税が増えるだけなので、「法人所得」は増やしたがりません。だから、所定の要件に従って損金算入することができる生命保険は、法人所得を減らしてくれるので重宝されるのです。

セールスパーソンの商談を見ていると、財務会計・税務会計の用語を混在して使用している例が少なくありません。例えば…
「生命保険を活用すれば、損金になるので利益を圧縮してくれます」

この表現は誤りです。損金性の生命保険を使って圧縮できるのは「(法人)所得」です。税理士等の専門家や経理に詳しい人がこの言葉を聞くと、「この人はそもそも『利益と所得が別物である』という基本がわかっていない」ということがわかってしまいます。
「収益と益金」「費用と損金」「利益と所得」の区別をつけること。経営者保険で知っておいていただきたい会計の基本は、まさにこの点にあり

ます。

② 貴方が学ぶべきは企業会計か税務会計か？

　経営者保険の提案は経営者に行うのが通常です。それでは、その経営者は自社の経営に関して、財務会計と税務会計のどちらに興味があるのでしょうか？

　税務が苦手…というセールスパーソンは少なくありませんが、企業経営者の多くも同様です。だから、小さな企業でも「顧問税理士」を雇っているのです。税制は毎年改正が行われ、それを専門としている人でなければ詳細な税務にキャッチアップすることが難しいからです。

　また、法人税の申告等に間違いがあれば、修正申告などの面倒が発生しますし、税務署による税務調査が数年に1度入りますので、その際の対応も気がかりです。そのあたりのリスクを、月々の顧問料を支払うことで回避する、まさに「保険」の役割として顧問税理士を雇っているのです。

　一方の財務会計は、企業会計原則を基本とした会計ルールが厳格に定められ、税務と違い頻繁に改定が行われない、ある意味「普遍的なルール」です。さらに、日々の取引記帳の延長で決算書が作成できることから、日常業務との親和性が高く、自社内の経理担当者等が担っていることが多いようです。

　このように、**財務会計は自社内で完結していますが、税務会計は税理士にアウトソーシングしている会社が多い**という点を理解しておきましょう。

さらに、財務会計は金融機関から融資を受ける際や、官公庁・大企業と取引する際に求められる決算書に直結しています。決算書は「会社の成績表」です。会社の成績表がよければ融資も受けやすいですし、取引も円滑に進みます。

　官公庁や大企業は、自らが発注した業務を請け負う会社が倒産したりすると、大いに体面を傷つけられます。支払ったお金が無駄になるということだけでなく、取引会社を選択する眼力がないということを対外的に証明しているようなものだからです。

　さらに、その取引を決定した担当者にも責任が及びます。どのような審査をしてその企業を選んだのか、リスクは見抜けなかったのか、担当者だけでなく、その上司は何をしていたのか…というようなことを責められることになります。

　だから、決算書は、いい方が「断然に」いいのです。

　一方の税務会計は、法人税を支払うためだけの会計です。最終的な目的は、納付する法人税を計算することです。法人税をたくさん支払ったからと言って、取引会社はそのことをもって評価するわけではありません。また、法人税というのは会社からの一種の「社外流出」です。黒字の時に支払った法人税を赤字になったからと言って返還してもらえるわけではなく、基本的に「払い切り」のお金です。

　このように考えると、**貴方が学ぶべきは「財務会計」であり、税務会計は税理士に任せるべき**であるということがわかります。貴方は、経営者とともに、決算書をよくするためにはどうするか、決算書に悪い影響を与えないで資金を調達するにはどうすればよいか、という**経営者目線で経営者に接するべきなのです。**

　その課題解決のために生命保険に加入するとした場合、生命保険は保

険種類によって、税務処理が「定型的に」定まっています。それらを税務会計に織り込むのは税理士の仕事です。貴方は税理士にこういえばいいのです。

> 「社長とお話しして、会社の課題解決のためにこの生命保険を活用することになりました。先生には、ここにある資料に基づいて税務処理を行っていただきたいと思いますので、あとはよろしくお願いします」

税理士は税金の番人です。税金の計算を間違いなくすることが使命です。一方、**その会社への経営アドバイスは、税理士ではなく、貴方のようなファイナンシャルプランナーが行うべきなのです。**

その点はプロフェッショナルとして自信を持って接してください。

③ 財務会計に強くなるには

貴方が学ぶべきは「財務会計」であることは、おわかりいただけたかと思います。では、貴方が財務会計に強くなりたいと思ったとき、それにはどのような方法が効果的でしょうか。

「決算書がわかるようになる」的な書籍は巷にあふれていますので、貴方も一度は手に取られたことがあると思います。ただ、私も経験がありますが、税理士や公認会計士の方々が書いている本は、いくら「わかりやすい」「やさしい」といったタイトルがついていても、最初の数ページを読んで投げ出してしまいます。

理由は「読んでいてもつまらないから」。貴方もそうではないですか？

次々に出版される同様の書籍を、「今度こそ読破しよう」と誓って買

い求めても、ただ書かれている字面を目で追っているだけとなります。仮に最後まで読み切っても、何一つ頭に残っていません。こういうのを、「腹に落ちていない」というのです。

なぜそんなことになるのかというと、彼らは税務や会計の専門家ではありますが、その専門的な知識をシロウトにもわかりやすく伝える技術を持ち合わせているとは限らないからです。

では、会計の知識を貴方の「腹に落とし」「保険営業の場面で使いこなせるようになる」ためにはどうすればいいのでしょう。ここでは、そのための２つの方法をお教えしましょう。

（１）簿記３級テキストにチャレンジ

１つは、**書き込み式の「簿記３級」テキストを購入して、自分で実際に電卓を使って計算しながら最後までやり遂げる**ことです。書き込み式以外のテキストは、読むだけとなり、貴方がこれまで断念した書籍と同じですから、買い求めるのは「書き込み式」に限ります。しかも、できるだけ字が大きく、分量も多くないものがおすすめです。

貴方のような大人がこの手のテキストを購入する場合、どうしても、細かな解説がたくさんある、ボリュームいっぱいのものを選択してしまいがちです。しかし、そんなボリュームのあるテキストは貴方には必要ありません。なぜなら、貴方は税理士や会計士を目指しているわけではなく、保険の営業に必要な部分を要領よく習得することが目的だからです。

こうしたテキストは、主に商業高校の１年生が、「商業簿記」の科目を履修する際に副教材として使用するものです。この間まで中学生だった子供が勉強するテキストですから、大人の貴方ができないはずはあり

ません。計算もそろばんを使う必要はありません。どうぞ電卓をお使いください。

　こうしたテキストでは、多くの場合、決算書分析云々の前に、会計の基本となる「仕訳」のトレーニングができるようになっています。経営者保険の提案の際、保険の設計書に合わせて提出する、あの「保険料の仕訳」です。

　いままでは、「借方」「貸方」など見慣れない言葉とともに、「支払保険料」は右かな？　左かな？というようなことを迷いながら説明していたものが、このテキストをやりきることで100％の自信を持って説明できるようになります。

　決算書というのは、ある日突然作成されるものではありません。企業が行う商取引の全てを記録する「仕訳」を１年分集めて、所定のルールに従って分類・整理・集計して決算書を作成するのです。決算書は「仕訳の集大成」なのです。

　決算書だけ見ても、決算書が読めるようにはなりません。決算書の本当の意味を知りたければ、決算書の基礎となる「仕訳」を理解することです。簿記３級の学習では、企業取引における仕訳をマスターしたあと、決算の際に「貸借対照表」「損益計算書」の作成までを一人でできるようにしてくれます。

　自分で決算書を作れるようになること以上に、決算書を理解できる方法はありません。

　土日の数時間を費やすとして、おそらく１か月もあればテキストを終了できるでしょう。終了した貴方は、保険会社の出来合いの仕訳表に頼ることなく仕訳の説明ができ、自分で決算書が作れるようになってい

ます。

　簿記３級の資格取得までは必要はありません。ただ、勉強した成果を形に残しておきたい、とお考えならば、簿記３級の資格を取られてみてはいかがでしょうか？　このようなことの積み重ねが、貴方の自信となりプライドになるのです。

（２）自分で確定申告をする

　本書をお読みの方の中には、個人事業主として「事業所得」の扱いになっている方と、サラリーマンとして「給与所得」の扱いになっている方がいらっしゃると思いますが、主に前者の「事業所得」の扱いになっている方に実践していただきたいのが、自分で確定申告をする、ということです。

　貴方の報酬が会社から振り込まれるとともに「支払調書」が発行されます。これは、貴方の売上に係わる証明書です。これを１年分集めたものが貴方の「年商（売上高）」です。

　一方の経費には、営業に係わる交通費、顧客に対する接待費、研修受講費、パソコンの使用料等々のものがあります。これらの経費を売上から差し引き、残った金額が貴方の「事業所得」となり、一般の企業で言うところの「税引き前当期利益」に相当します。

　そして、所得税を差し引いた残額が、貴方の「税引き後当期利益」となって、１年間の営業に係わる純利益ということになるのです。

　以下、実際に確定申告を行う際のポイントなる点をいくつか上げておきましょう。

①青色申告と白色申告

貴方は「青色申告」ですか？「白色申告」ですか？

青色申告は、事業所得のある人が所轄税務署に「青色申告承認書」を提出することで適用を受けることができます。

青色申告では、複式簿記による記帳と「貸借対照表」と「損益計算書」の作成が必要で、確定申告の際に、これらを確定申告書に添付して税務署に提出することが求められます。

それにより、所得から最高65万円を控除することが可能です。

一方の**白色申告**は、所得控除などの特典がない代わりに、収支内訳表（損益計算書）を作成するだけで済みます。

確定申告の際に面倒がないという理由で、あえて白色申告のままで済ませている方もいらっしゃるようですが、平成26年1月からすべての事業所得者について「記帳と帳簿書類の保存」が必要となりました。

記帳は簡易な方法が認められていますが、それでも、収入金額や必要経費に関する事項について、取引の年月日、相手方の名称、金額や日々の売上・仕入の合計金額等の記載が必要となります。

それらの書類も種類によって最高7年間の保存が義務化されるなど、白色申告者の手間がかかるように改正されています。

その意味では、**青色申告と白色申告の手間のかかり方の差は、以前ほど大きくありません**。それであれば、この機会に青色申告者となって、特別控除を受けてみてはいかがでしょうか？

なお、青色申告には次ページの表のように2種類あり、簡易簿記のまま、白色申告に加えて「貸借対照表」「損益計算書」を追加するだけでも10万円の特別控除が受けられます。

	白色申告	青色申告	
届出	なし	あり	
特別控除	なし	10万円	65万円
記帳義務	簡易簿記	簡易簿記	正規の複式簿記
決算書作成義務	収支内訳書	「貸借対照表」「損益計算書」	

　特別控除というのは、税金の計算をするうえで、貴方の収入の一部を「なかったことにしてくれる」制度です。つまり、その控除部分については所得税を支払わなくてもいい、ということです。経費を使えば、実際に貴方の財布からお金が出ていきます。しかし、この特別控除は実際にお金が出ていかなくても経費とみてくれる制度なのです。

②会計ソフトの利用

　とはいえ、「貸借対照表」「損益計算書」や「正規の複式簿記」を作成することに不安を感じる方もいらっしゃるでしょう。そんな方には、今では優れた会計ソフトが1万円以内で販売されています。

　これらのソフトに日々の収入・支出を入力していけば、年末に「決算処理」ボタンを押すだけで簡単に「貸借対照表」「損益計算書」を作成してくれます。税務署に提出する書式で印刷してくれるものもありますので、印刷したものを確定申告書に添付するだけです。

　これで、「正規の複式簿記」の記帳と「貸借対照表」「損益計算書」の添付義務はクリアです。

　会計ソフトでは収入・支出について、「何のお金」を「いつ」「いくら」という点について入力すれば、それらを自動的に判別して仕訳してくれます。日々取引がある都度、入力さえ忘れずにしていけば間違いはありません。

何よりも、会計ソフトの購入費用さえ、必要経費になるのですから、貴方が手に入れるメリット（青色申告特別控除の65万円の控除）を考えたら導入しない手はないでしょう。

③税務申告代行会社

私の会社でも、税務申告を安価で引き受ける会社を利用しているセールスパーソンがたくさんいます。毎月の支出の領収書を月別に封筒に入れて送るだけで、仕訳から決算書作成まですべてやってくれる、という会社です。中には、税務調査が入った時の立会までサポートするところがあるようです。

毎月数千円で顧問税理士を雇っているようなものですから、忙しいセールスパーソンにとっては都合がよいでしょう。その反面、**貴方は経理や決算について詳しくなるチャンスを逃しています。自分の決算書を作るということ以上に「決算書に詳しくなる」方法はありません。**それなのに、そのチャンスを捨てていることに加え、貴方は払わなくてもいい無駄な出費を重ねているということに気付かなければなりません。

企業経営者にとって、売上を100あげるのと、経費を100下げるのではどちらが利益に貢献すると思いますか？

売上を100あげても、その売上をあげるために必要な仕入や人件費がかかります。仮に、経費（仕入・人件費・物件費等）が売上の90％である企業が、売上を100あげれば経費は90増加します。結果的に増加する利益は10ということになります。

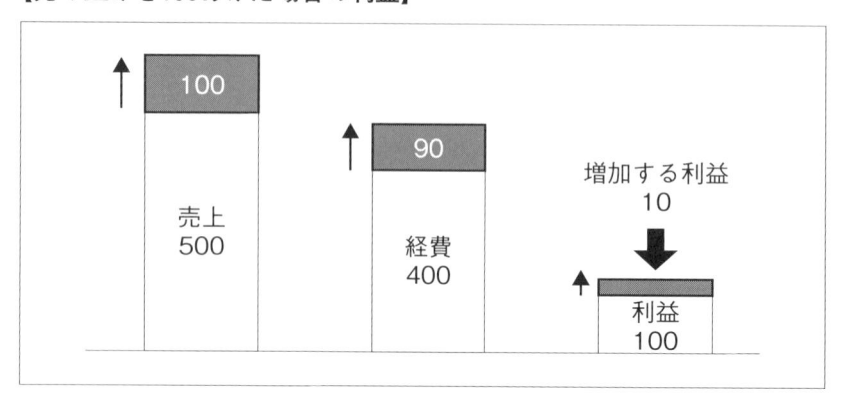

　一方、この会社が、売上はそのままで、経費を大幅に見直して100の経費を削減できたと考えると、次のようになります。

【経費を100削減した場合】

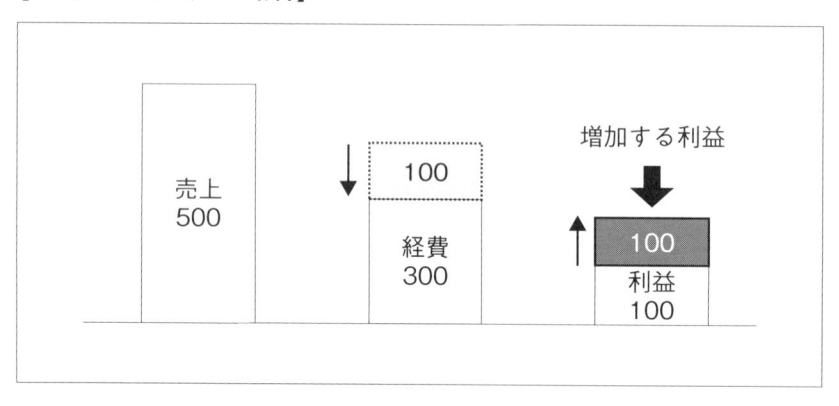

　売上は変わらずに経費を100削減すると、利益はそのまま100増加することになるわけです。

　つまり、企業経営者が利益をあげたい（黒字にしたい）、と考えた場合、売上をあげるよりも経費を減らす方が利益に直結するのです。

　このケースで、100の経費削減と同額の効果を売上アップで達成するとしたら、売上は100ではなく10倍の1000伸ばさなくてはならないのはおわかりですか？

　青色申告に係わる書類作成、確定申告を貴方自身がやれば、税務申告代行会社に支払う経費はゼロです。減らした経費は、そのまま貴方の利益です。貴方の収入に対して税務申告代行会社に支払う費用は微々たるものかもしれませんが、売上に換算したらその金額の数倍に相当することでしょう。

　経営者は無駄な経費を徹底的に減らそうとしています。自社でできることは自社でやります。自社でやるよりも効率のいいものはアウトソーシングします。常に「費用対効果」を考えています。このような発想をするのが経営者なのです。**ただ「面倒だから」「忙しいから」という理由で、貴方が代行業者に漫然とお金を払い続けているとしたら、それは経営者とはいえません。経営者は、経営者ではない人を信用することはないでしょう。**

　貴方が忙しいのであれば、配偶者を青色事業専従者として届け出をして、経理の仕事を手伝ってもらってはどうでしょうか？　そうすれば配偶者に給与を支払うことができ、支払った給与は「必要経費」として貴方の所得からさらに差し引くことができます。

決算書の基礎知識

①決算書を読めるようになろう！

補講②では、まず、決算書が読めるようになりたい方のために、日々の仕訳から決算書ができるまでを、仮想の会社を例に解説していきます。

会社では日々、様々な取引が行われていますが、その取引を一定のルールに従って記帳することが求められます。例えば、商品を仕入れて現金を支払った場合、「仕入」という「費用が発生」して、「現金」という「資産が減少」します。また、金融機関からお金を借りると、「借入金」という「負債が増加」して、「現金」という「資産が増加」します。

このように、**企業の会計では、すべての取引を「資産」「負債」「資本」「収益」「費用」の５つの要素に当てはめて二面性を持たせて記帳する**ことになります。これが**「複式簿記」**の考え方です。

毎日の取引を複式簿記で記帳することで、決算の時には「貸借対照表」や「損益計算書」が作成できる仕組みになっています。

「決算書が読めるようになりたい」という方は多いのですが、決算書の分析から入ってしまうと、どうしても数値の良し悪しが中心になってしまいます。

「自己資本比率は○％以上」「固定比率は○％以上」「ROEは…」などということを勉強したとしても、中小企業の経営者の多くにとって、そ

れらの数値を目指して会社を経営することは困難ですし、そもそも、そのような数値を上げるために会社を経営しているわけではありません。

　私たちも、お金を貸す銀行員ではありませんし、その会社の株式を購入する投資家でもありません。

　ですから、「お金を貸せる会社かどうか」「投資に適している会社かどうか」ということを判断するための決算書分析は、私たちにとってはあまり必要のないアプローチです。

　決算書を見ることで、その会社のお金がどのように動いているのかを理解する、という観点で見ていくことが大切だと思います。

（1）日々の仕訳から決算書ができるまで

　モデルケース

　経営者：Aさん
　栄養食品を販売する会社を設立。元手は300万円。

　これから、上記Aさんの会社を例に、日々の仕訳から決算書ができるまでを見ていきましょう。それによって、決算書の基本的な仕組みや、企業のお金の流れと決算書の関係を理解していただければと思います。

　長々と解説すると貴方も飽きてしまうでしょうから、便宜上、1か月で決算を迎えることにします。

①資本金

　Aさんが出した300万円の元手を資本金と言います。資本金を会社のお金にした場合、そのお金の仕訳は次のようになります。

借方	貸方
現金　300万円	資本金　300万円

資産の増加は左側	資本の増加は右側

　借方・貸方、資産の増加は左側・資本の増加は右側、という解説があ
りますが、これが複式簿記のルールです。勉強しはじめの時には、なぜ
そうなのか？ということを深く考えても仕方がありません。そのうちに
感覚的に身につくので安心してください。

　それは野球で言えば、ストライク3つでアウト、ボール4つでファー
ボール、ということを、なぜそうなのかと考えるようなものです。その
ようなことは、野球を続けていくうちに普通に身について、二度と忘れ
ませんよね？　それと同じです。

　この仕訳では、Aさんが資本金を出したという行動が2つの側面か
ら記載されています。資本金を出せば会社の現金が増える（資産が増加
する）ということと、現金を出したことによって資本金として計上する
残高が増えるという2つの面です。**一つの取引の2つの面を同時に表
示する**ことから、こうした簿記の方式を「複式簿記」といいます。

②商品の仕入

　Aさんは、販売するための栄養食品を仕入れることにしました。代金
は200万円で現金で支払いました。この場合の仕訳は次のようになりま
す。

借方	貸方
仕入　200万円	現金　200万円

費用の発生は左側　　資産の減少は右側

　商品を仕入れることによって、その代金である現金が会社から出ていきます。これは資産の減少という現象です。また、その原因となるのは商品の仕入という「費用」の発生です。

③金融機関からの借入

　運転資金が少なくなってきたＡさんは金融機関から100万円の融資を受けることになりました。融資を受けると、一時的に現金が増加します。つまり、資産の増加です。一方、そのお金は借金（借入金）ですから負債を増加させます。

借方	貸方
現金　100万円	借入金　100万円

資産の増加は左側　　負債の増加は右側

④売上

　Ａさんは、仕入れた商品の販売を開始しました。無事すべて売り切ることができ、600万円を現金で回収しました。現金という資産が増加したこと、そしてその理由が収益の発生ということになりますので、以下のような仕訳になります。

借方	貸方
現金　600万円	売上　600万円

| 資産の増加は左側 | 収益の発生は右側 |

⑤経費支払

　Aさんは、自分への給料や家賃などの経費を支払いました。給料や家賃は費用となります。費用が発生したのと、現金が会社から出ていくこと（資産の減少）の両方を以下のように仕訳します。

借方	貸方
給与　50万円 家賃等　50万円	現金　100万円

| 費用の発生は左側 | 資産の減少は右側 |

⑥取引のまとめ

　Aさんの会社がこの段階で決算を迎えたと仮定します。次に行うのは、この期間に行った仕訳を借方・貸方ごとに一覧にする作業です。最後に借方・貸方それぞれの合計額を計算し、金額が等しくなっているかを確認します。

	借方	貸方
①資本金➡	現金　300万円	資本金　300万円
②仕入➡	仕入　200万円	現金　200万円
③借入➡	現金　100万円	借入金　100万円
④売上➡	現金　600万円	売上　600万円
⑤経費支払➡	給与　　50万円 家賃等　50万円	現金　100万円
合計➡	1,300万円	1,300万円

⑦合計試算表・残高試算表の作成

　期間中の取引がまとまったら、勘定科目ごとに整理します。勘定科目というのは「現金」「仕入」など金額の前についている言葉を指します。

　例えば、上記の例で、借方に現金が３か所出てきているのはおわかりでしょうか？　このような重複するところを合計したものを**合計試算表**と言います。

【合計試算表】

勘定科目	借方	貸方
現金	現金 1,000万円	現金 300万円
資本金		資本金 300万円
借入金		借入金 100万円
仕入	仕入 200万円	
売上		売上 600万円
給与	給与 50万円	
家賃	家賃等 50万円	
合計	1,300万円	1,300万円

　この合計試算表を見ると、現金が借方と貸方の双方に計上されているのがわかります。このような勘定科目は、大きい方から小さい方を差し引いて残額だけを計上します。この作業によって**「残高試算表」**が出来上がります。

【残高試算表】

勘定科目	借方	貸方
現金	現金 700万円	
資本金		資本金 300万円
借入金		借入金 100万円
仕入	仕入 200万円	
売上		売上 600万円
給与	給与 50万円	
家賃	家賃等 50万円	
合計	1,000万円	1,000万円

⑧勘定科目のグループ分け

　残高試算表が完成したら、それぞれの勘定科目を決算書作成に必要な

5グループに分けます。

勘定科目	借方	貸方		
現金	現金　700万円		⇒	資産
資本金		資本金　300万円	⇒	資本
借入金		借入金　100万円	⇒	負債
仕入	仕入　200万円		⇒	費用
売上		売上　600万円	⇒	収益
給与	給与　50万円		⇒	費用
家賃	家賃等　50万円		⇒	費用
合計	1,000万円	1,000万円		

　「資産」「資本」「負債」「収益」「費用」の5つのどれに該当するかは、勘定科目名を見ればなんとなくイメージができるでしょう。それぞれの勘定科目は、貸借対照表・損益計算書のどこに配置するかが決まっていて、それぞれの定位置は以下のようになっています。

【貸借対照表】

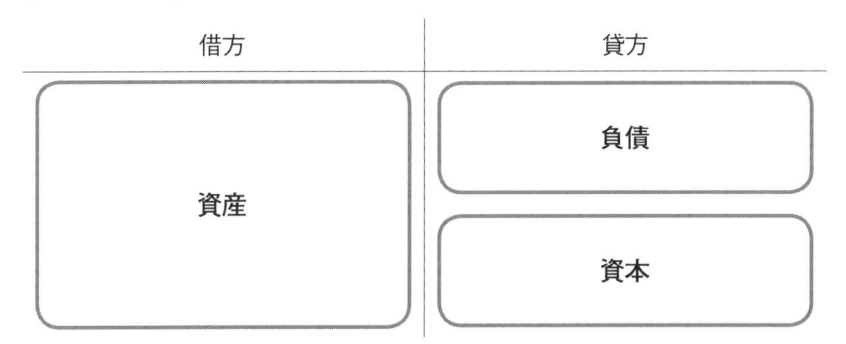

【損益計算書】

借方	貸方
費用	収益

　この定位置に従って、先ほどグループ分けした勘定科目を入れてみましょう。

【貸借対照表】

借方	貸方
現金　700万円	借入金　100万円
	資本金　300万円

【損益計算書】

借方	貸方
仕入　　200万円	売上　600万円
給与　　　50万円	
家賃等　　50万円	

⑨利益（損失）の計算

　この段階では貸借対照表も損益計算書も左右の合計額が一致していません。一致させるように利益（または損失）を入れます。Ａさんの会社の場合、貸借対照表では右側、損益計算書では左側にそれぞれ「利益300万円」を入れると左右が釣り合うことがわかります。

【貸借対照表】

借方	貸方
現金　700万円	借入金　100万円
	資本金　300万円
	利益　　300万円

【損益計算書】

借方	貸方
仕入　　200万円	売上　600万円
給与　　　50万円	
家賃等　　50万円	
利益　　300万円	

　これで決算書は完成です。最終的にＡさんの会社の利益は300万円ということがわかり、貸借対照表と損益計算書が完成しました。日々の仕訳は決算書を作成する作業に直結しているということがおわかりいただけたでしょうか？

（2）貸借対照表とは

　決算書の一つである貸借対照表は、その会社の年度末における財産の一覧表です。これを見ることで、企業の財政状況がわかります。左右のバランスが取れているように作成されることから「バランス・シート（B/S）」とも言います。

【貸借対照表のサンプル】

貸借対照表
○○株式会社
平成○○年3月31日現在

（単位：百万円）

科目	金額	科目	金額
資産の部	900	負債の部	500
流動資産	400	流動負債	450
現金預金	140	支払手形	250
受取手形	125	買掛金	150
有価証券	50	その他	50
棚卸資産	80	固定負債	50
その他	10	長期借入金	40
貸倒引当金	△5	その他	10
固定資産	475	**純資産の部**	400
建物	300	株主資本	400
土地	150	資本金	350
その他	30	資本剰余金	30
繰延資産	20	利益剰余金	20
資産合計	900	**負債・純資産合計**	900

　貸借対照表とは、決算期の段階での会社の全財産の内訳と、その財産を取得するための元手を表したものです。いろいろな項目があってわか

りにくいですが、住宅ローンを組んで住宅を購入した例と比較するとわかりやすいでしょう。

　頭金が1,000万円、住宅ローンを4,000万円借り入れて5,000万円の住宅を購入すると、この場合の貸借対照表は次のようになります。

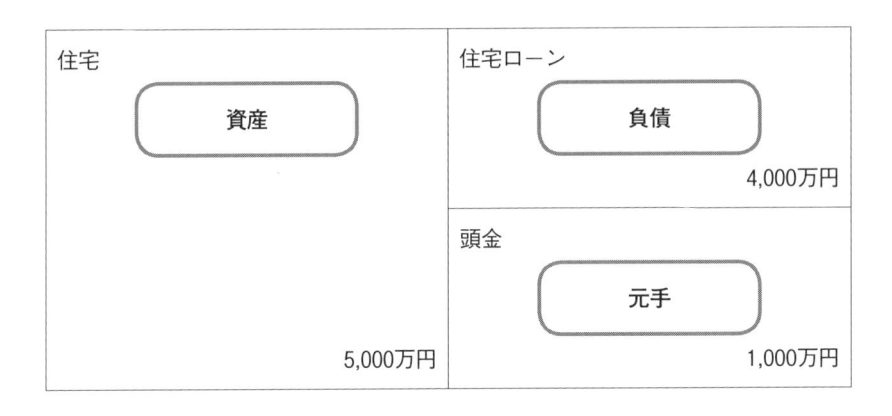

　資産の部とは、会社が保有する財産の全てです。現金・土地・建物だけでなく、在庫や将来現金になる受取手形も資産です。負債には、金融機関からの借入金や、将来支払わなくてはならない支払手形、後払いで購入した場合の買掛金などが含まれます。純資産には、株主が出した資本金や、毎年の利益を積み立てた利益剰余金などが含まれます。

　先ほどのAさんの会社は、説明をシンプルにするために資産・負債・資本ともにわずかな科目で説明しましたが、実際にはいろいろな種類の資産・負債等を保有しているのです。

（3）損益計算書とは

　損益計算書は、事業年度に挙げた収益から費用を差し引いて、差額の利益を出すもので、その会社の事業年度（通常1年）に利益が出たの

か、損失が出たのかを明らかにするための資料です。「プロフィット＆ロス・ステイトメント（P／L）」とも言います。

先ほどのＡさんの事例では、日々の仕訳に基づいて貸借対照表と同様に左右に配置していましたが、一般の損益計算書は下記のように縦長になっており、**売り上げから各種経費を差し引いていき、最終的に当期純利益を計算する**ようになっています。

この損益計算書には「５つの利益」が計上されています。一般に「利益が出ている」などと言われるのは、「経常利益」や「税引き後利益（当期純利益）」を指すことが多いのですが、その会社の本当の力を見るには「営業利益」に注目するとよいでしょう。金融機関がその会社にお金を貸すかどうかを判断する際にもここがポイントになるからです。

損益計算書
○○株式会社
平成○○年３月31日現在

（単位：百万円）

科目	金額
売上高	1,000
売上原価	850
売上総利益	150
販売費および一般管理費	100
営業利益	50
営業外収益	5
営業外費用	15
経常利益	40
特別利益	2
特別損失	17
税引き前当期純利益	25
法人税等	10
当期純利益	15

売上高	
売上原価	
売上総利益	本業で稼いだ利益の計算
販売費および一般管理費	
営業利益	

営業外収益	
営業外費用	副業で稼いだ利益の計算
経常利益	

特別利益	
特別損失	臨時的に稼いだ利益の計算
税引き前当期純利益	

法人税等	
当期純利益	最終的に稼いだ利益の計算

　「売上総利益」 は、売上と仕入が適正な金額で行われているかを示しています。例えば、商品の値下げによって仕入原価割れした販売となってしまえば、売上総利益はマイナスになってしまいます。売れば売るほど赤字、という状態なわけです。

　また、売上高に対する売上原価の割合（原価率）が同業他社と比べて高くないか、という見方もできるでしょう。

　売上総利益から、会社運営上で必要な経費（人件費や物件費等）を差し引いたものが **「営業利益」** です。営業利益は本業での儲ける力を表します。最終利益が出ていても、この営業利益がマイナスの場合は、会社は危機的な状況にあるといえます。本業が儲からなくなって、営業を継続するほど赤字が増える体質になっているのです。

「経常利益」は、営業外収益・営業外費用を加味した「副業込みの損益」です。本業とは別に何かの業務を副業的にやっていて、そこでの収益や費用があるような場合、それが営業利益に加減されて「経常利益」となります。

　経常利益は、本業・副業合わせて経常的に利益が出せているかどうかを見ます。経常利益がプラスでも、営業利益がマイナスとなっていれば、本業が儲からなくなっていて副業でかろうじて利益を捻出している状態、ということが言えます。

　ただし、その会社が大きく業態を変換しようとしている際にも、そのようなことが発生します。従来の本業で利益が出なくなり、別の収益源を見つけてそちらの利益が徐々に増えてきているような場合です。

　「税引き前当期純利益」は、特別利益・特別損失を加味した利益です。これらは、「特別」とあるとおり、通常の業務では基本的に発生しないことが生じたようなケースの損益を表します。例えば、会社の資産を売却してお金が入ってきた、役員が退職して退職金を支払ったなどです。

　最終利益が黒字でも、それが特別利益を出して黒字になっているような場合は危険です。本業・副業でも儲からず、一時的に会社の資産を切り売りして黒字に見せかけている可能性があるからです。

　このように、**損益計算書の５つの利益がそれぞれ何を意味しているかを知っておくと、その会社の稼ぐ力や、これからどのようなことをしようとしているかがわかってきます。**

　このようなことを踏まえて経営者と会話をすると、経営者は大変喜んでくれます。自分の会社のことに本当に興味を持ってくれている、と感じるからです。

　人は、自分に関心を持ってくれる人にはいろいろと話したがるもので
す。経営者も同じです。自分が全てを賭けてきた会社に関心を持って接
してくれる貴方には、誰にも言えなかった悩みや心配事を打ち明けてく
れるでしょう。

　そのような関係になることが、経営者保険をお預かりする第一歩なの
です。

（4）資金繰り表とは

　資金繰り表は決算書類ではありませんが、関連する知識として、ここ
で取り上げておきます。資金繰り表は、企業が資金繰りにショートしな
いように個別に作成している計画表です。決算書は1年の決算単位で
作成しますが、資金繰り表は数か月〜数年といった、会計期間と無関係
に作成されています。

　資金繰り表は、毎月の残高がマイナスにならないように作る必要があ
りますので、これを見ることで「毎月滞留している資金」がわかりま
す。いわゆる「根雪」の部分です。

　この資金繰り表は、万が一にも現金がショートしないために作るもの
ですから、ある程度の余裕を見て翌月に繰り越せるように計画を立てま
す。

　例えば、毎月経常的に「根雪」がある法人であれば、本来ならば投資
に回して利益をあげられる現金を無駄に金庫に寝かせているということ
を意味します。企業は、お金を回してこそ収益が取れます。それなのに
多額の現金をただ寝かせておくのはもったいないと思いませんか？

　ここまでの解説をお読みになった貴方ならばおわかりと思います。会

【資金繰り表のサンプル】

日付＿＿＿＿　会社名＿＿＿＿

単位（百万円）

		月	月	月	月	月	月	月	月	月
前月繰越金(A)										
営業収入	現金売上									
	売掛金現金回収									
	受取手形取立									
	受取手形割引　当行									
	他行									
	営業外収入									
収入合計(B)										
営業支出	現金仕入									
	買掛金現金支払									
	支払手形決済									
	製造経費									
	その他経費									
	電気料									
	外注費									
	支出小計									
借入金返済	当行									
	他行									
支出合計(C)										
差引過不足額(D)＝(A)＋(B)−(C)										
借入金(E)	当行									
	他行									
翌月繰越し金(D)＋(E)										
他行借入残高推移	○銀行									
	△銀行									
	×信用金庫									
	合　計									

社の保有する現金は「資産」ですね。つまり、現金は100％資産計上されているのです。

　貴方の会社に、損金割合は低いけれど解約返戻率の良い生命保険や、長期運用でリターンが期待できる変額保険はありませんか？　そのような保険を、「資金繰り表で根雪になっている現金の有効活用に」と提案してみましょう。 損金効果を加味せずに、単純な解約返戻率で100％を超える商品であれば、金融機関に預ける預貯金よりもメリットがあります。保険なので保障もついています。

　保険は、解約の申し出をすれば数日の間に現金が振り込まれます。解約しないまでも、契約者貸付でも同様でしょう。その意味では、限りなく現金に近い資産が生命保険であると言えます。

　年度末に決算対策で生命保険に加入して資金繰りが悪化する企業が少なくありませんが、保険料負担能力を測る上では資金繰り表も見ておきましょう。

② 銀行員が嫌がる決算書とは

　最後に、少し視点を変えて、銀行員が嫌がる決算書とはどのようなものかを紹介しておきましょう。

　もし、貴方が訪問している企業の決算書にそのような兆候が見られたら、早めに改善して銀行との取引関係を円滑にするようアドバイスすることをおすすめします。

（1）自己資本比率が低い

　「自己資本」とは、総資産から総負債を差し引いた「純資産」を指します。負債は将来返済しなければいけない資金なので「他人資本」と呼ばれます。自己資本比率とは、「自己資本÷総資産」で計算しますが、会社の保有する資産のうち、どのくらいの割合が「将来返済しなくてもいい自己資本でまかなわれているか」をあらわす比率です。

　わかりやすく言うと、マイホーム（総資産）を購入する際に、どれだけ頭金（自己資本）があるか、という比率のことを指します。

　頭金が少ない状態でマイホームを購入すると、マイホーム購入代金の大部分を借金（住宅ローン）が占めます。例えば、地価が下落してマイホームの資産価値が下がれば、どうなりますか？　仮にマイホームを手放しても、住宅ローンは残ってしまうかもしれません。また、住宅ローン金利が上昇したらどうなりますか？　借金の額がもともと大きいだけ

に、返済がさらに厳しくなる、ということが想定されませんか？

　このように、頭金（自己資本）が少ない状態でマイホーム（資産）を持つということは、地価下落・金利上昇という局面で、大変に脆弱な状態になっているということなのです。

　企業でも同じです。元手（資本）が少ないのに大きな借金（負債）をして資産を抱えてしまうと、資産の価格低下や金利上昇にとても弱い企業体質になっているといえます。このような企業にお金を貸すと、最悪の場合、貸し倒れになるかもしれません。

　だから、**金融機関は「自己資本比率の低い」企業にはお金を貸したがりません。**

（２）固定資産が多い

　資産は会社の保有する財産ですが、その種類によって３種類に分けられます。１年以内に現金化できる資産を**「流動資産」**、資金が長期間固定されてしまう**「固定資産」**、次期以降の費用となる**「繰延資産」**です。資産は多ければ良いということはなく、**事業に必要な資産を導入して無駄なく稼動させているかという観点でチェックされます。**

　固定資産というのは文字どおり、会社のお金を固定的にしてしまう資産です。会社の土地などが代表的な資産です。固定資産は簡単に現金化できません。慌てて現金化しようとすると足元を見られて安く買いたたかれるかもしれません。しかも、その土地の上には会社の建物が立っているので使用に制限があります。よほど安く買い入れた土地でない限り、会社の建物や工場が立っている土地は、現金などと比べてもそのままでは価値の低い資産です。

会社というのは、株主や銀行から集めたお金を事業に投入して、さらに増やすことで利益をあげることが求められています。土地を買ってアパートを建てて賃貸収入を得る…ということでもしない限り、土地は持っているだけでは収益を生みません。**このような固定資産をたくさん保有している会社は、銀行から見ると「経営感覚が乏しい」とみられて当然なのです。**

余談になりますが、大企業はこの20年で「本社ビル」「保養所」「社宅」「研修所」の類を相当程度処分しています。これらは、企業にとって固定資産です。これらの固定資産自体は収益に直結していません（長い目で見れば人材育成などにはつながりますが…）。このような収益に直結していない固定資産は処分してしまい、必要な際には使用料を払って借りればいいのです。その費用は税務上「損金」となりますから、法人税の圧縮につながります。

大企業は常に株主の目にさらされています。利益に直結しない固定資産をたくさん保有しているより、スリムで利益率の高い経営が求められているのです。

（3）役員貸付金がある

役員貸付金とは、会社が役員に貸し付けているお金のことです。役員に貸し付けているということは、将来返済してもらう前提ですから、取引先に貸し付けているお金と同様に「債権」ということです。

とはいえ、会社が役員に対して改まって何かの融資をするというより、以下のような事情で「貸し付けた形」になっていることが多いので、銀行は「役員貸付金」を債権として資産には評価しません。つまり

は「不良債権扱い」ということです。

・経営者が会社のお金を私的に流用している。
・本来は赤字決算のところ、粉飾するために役員貸付金として処理をしている。
・領収書を出せないリベートを経営者個人が支払った形にして、実際は会社から出ている。

資産としての評価をされない以上に問題なのは、**このような役員貸付金が存在すること自体が、会社の運営上、適正な業務運営がなされていない証拠として判定されてしまう**ことです。このような企業は、たとえ黒字であっても融資を行う際の評価が大きく下がってしまいます。

なお、役員貸付金を解消するには以下の方法がありますが、いずれの方法も悩ましい問題が発生します。いずれにしても、**銀行との関係を円滑にしたいのであれば、早めに役員貸付金を解消することをおすすめすべきでしょう。**

①役員報酬から返済する…役員の手取りが減少する。
②貸倒処理する…債権放棄した額が役員賞与となる。また、会社が計上する貸倒損失は損金不算入となる。
③個人で借入れして会社に返済する…役員個人が負債を抱える。
④退職し退職金と相殺する…退職金の一部が現金として入らないにもかかわらず退職所得として課税される。

●著者プロフィール●

黒澤雄一（くろさわ・ゆういち）

　FPソリューション代表。CFP®。1級ファイナンシャル・プランニング技能士。

　1969年北海道札幌市生まれ。92年北海道大学法学部卒業、同年大手保険会社入社。以後、営業の第一線で蓄積した自らのノウハウを営業教育に活かし、損保代理店、生保プロ代理店、銀行代理店、直販営業社員向けのセールストレーナーを歴任。FP知識を活用した生命保険販売に精通し、日本FP協会認定の継続教育研修講師を長年にわたり務める。エッジが効いた、相手の心に染み入る販売手法をわかりやすく解説するセミナーが好評。金融・FP系雑誌での連載・執筆多数。著書に『お客様の心をつかむ　保険窓販の使えるトーク60選』（近代セールス社）などがある。

〈改訂新版〉
明日の貴方を変える
経営者保険セールスの教科書

平成28年2月24日　　初版発行
令和4年6月24日　　改訂新版2刷発行（通算6刷）

著　　者――― 黒澤雄一
発行者――― 楠　真一郎
発　　行――― 株式会社近代セールス社
　　　　　　〒165-0026　東京都中野区新井2-10-11　ヤシマ1804ビル4階
　　　　　　電話：03-6866-7586　FAX：03-6866-7596

印刷・製本　　三松堂株式会社
カバーデザイン――― 井上　亮
編集担当――――― 飛田浩康

ISBN978-4-7650-2155-5